Mann und Frau und Weltreise
Wie ich zur Reise meines Lebens kam

Elke Klinger

Elke Klinger

MANN UND FRAU UND WELTREISE

WIE ICH ZUR REISE MEINES LEBENS KAM

Mit erlebten Geschichten,

65 Farbbildern,

114 Tipps,

2 Karten &

1 Vorbereitungs-Checkliste …

 **STEDE**
VERLAG

Impressum

Dieses Buch ist auch als e-Book erschienen.

ART-KON-TOR Change Prozesse GmbH
STEDE Verlag
Copyright © 2016 by STEDE Verlag, Jena

Gesetzt in der Adobe Garamond Pro und Luna
Fotos & Grafiken: Elke Klinger, Karsten Meyer
Druck Umschlag und Bildteil: Druckhaus Gera GmbH
Druck Textteil und Weiterverarbeitung: GGP Media GmbH

Printed in Germany

ISBN 978-3-946769-00-2

www.2015.edeundsten.de
www.weltreise-buch.edeundsten.de

Wenn man den Weg verliert, lernt man ihn kennen.

Sprichwort der Tuareg aus Afrika

Gewidmet unseren Kindern Paula, Elias, Constantin

Inhalt

Vorwort

Ich war eine ganze Weile mit mir selbst unterwegs und habe dabei durchlebt, was nun hier geschrieben steht. Pack mich selbst am Kragen, hör mir zu in stillen Momenten. Was ist mit mir? Wo will ich hin? Diese ganze Sinnfragerei – macht die Sinn?

Mein geheimer Spruch aus Kindertagen sagt: „Mich hat niemand gefragt, ob ich eigentlich auf diese Welt wollte. Nun bin ich einmal da und mache das Beste für mich daraus. Alles andere wäre echt doof." Hm, ja, ganz schön egoistisch vielleicht. Doch es macht mir unglaublich viel Spaß zu tun, wozu alles in mir ein klares, lautes, über die Bergkuppen hinweg flirrendes JA ruft. „Hätte ich mal" ist nicht mein Ding. Vielmehr gibt es da so einen kleinen Stichelheini, der immer wieder fragt: „Wars das schon?" Nee wars noch nicht, da geht noch ein Haufen. Ich habe mir eine kleine, feine Wanderausrüstung zugelegt und begonnen, den Haufen zu besteigen. Nicht leicht. Manchmal sogar alles andere als lustig. Doch ich bin gegangen. Einen Fuß vor den nächsten gesetzt. Den ersten Schritt zu gehen ist leicht. Den Zweiten vielleicht auch. Doch dann kommen Durststrecken, Kraterklippen, Abgründe und so ein Kram. Ich weiß das leider sehr genau. Es tut mitunter verdammt weh. Doch wenn du einmal über diese imaginäre Schwelle hinweg gestiegen bist, gibt es irgendwie kein Halten mehr.

Ich fasse mir ein Herz und schreibe hier über das, was sich in mir und um mich herum mit der Reise und für sie im Vorfeld bewegt hat. Ich tue das, weil ich es selbst in Vorbereitung meiner eigenen Reise vermisste, die ruhigen Töne über das trommelwirbelnde „Großartig", „Chancenreich", „Einmalig" hinaus auch nur irgendwo im Ansatz zu finden. Ich hätte gern darüber gelesen, mich mitgeteilt und ausgetauscht. Ich fühlte mich allein in dem, was mich bewegte. Jedem geht es anders und doch glaube ich, dass sich manches gleicht.

Vielleicht warst du schon für eine lange Zeit unterwegs, vielleicht bist du es gerade, vielleicht überlegst du, es eines Tages zu tun. Oder vielleicht ist das alles nichts für dich und du möchtest trotzdem erfahren, wie es mir bei all dem erging. In Vorbereitung, als es ums Abtrainieren ging, genauso wie ums Antrainieren.

Setz dich mit dem Buch auf einen schönen Stein. Einen mit Aussicht. Oder hau dich auf dein Kuschelsofa. Hüll dich in deine Lieblingsdecke und komm mit mir. Dahin, wo sieben Jahre vorher für mich eine Reise begann. Ich hatte keine Ahnung, ob ich sie tatsächlich eines Tages antreten würde. Oder ob meine Reise die der Vorbereitung, des inneren Umbaus, des Freuens und Hoffens und Schiss-Habens bleiben würde. Alles ist genauso gut. Da gibt es kein Richtig oder Falsch. Da geht es für mich einfach ums Machen und Erleben. Ich habe keinen blassen Schimmer, was kommen wird. Doch eins weiß ich. Die sieben Jahre waren eine hammerharte, wundervolle, vom Chaos getriebene und von der Neugier getragene Zeit. Ich mache keinen Hehl daraus. Ich plaudere aus meinem eigenen Nähkästchen. Also, schnapp dir deinen Strumpf-Stopf-Pilz aus meinem Nähkasten und los geht es.

Ede
Im Dezember 2014, wenige Tage vor der Abfahrt

Ich bin ich.

Hupsala, ich bin da. Und du auch.

Ich finde es toll, dass du das Buch zur Hand genommen hast, es vielleicht gedreht und gewendet, durchgeblättert und nicht gleich wieder weggelegt hast. Was ja in unserer übersatten *reizvollen* Zeit nichts Abwegiges wäre. Nun, wie dem auch sei. Ich heiße dich willkommen und wünsche dir vergnügliche Stunden gemeinsam mit mir. Dich selbst kennst du mehr oder weniger. Mich nicht. Okay, ich will fair sein und erzähl kurz über mich. Elke ist mein Name – in meinem Leben zu Hause. Auf Reisen bin ich Ede. Ist für manche Zunge auf dieser Welt einfacher und spricht sich kurz. Das wusste schon unsere Nichte, als sie mit dem Reden begann. Ihr „Elke" war ein „Ede" und dabei blieb es. Also für dich: Ich bin Ede.

Eine Frau bin ich. Und die super gerne. War nicht immer so in meinem Leben, doch im Laufe der Zeit wurde aus Nörgelei Akzeptanz und später reine Liebe mir selbst gegenüber. Den kleinen Jungen meiner Kindheit habe ich auch heute noch bei mir. Er ist mein inneres Stehaufmännchen, der gern „Juchhu" und „Ja klar, los gehts" ruft. Auch sonst ist vieles in mir spontan, fröhlich, beweglich, wissensdurstig und vor allem neugierig. Was da hinter den Ecken meines Lebens schlummert, das will ich gern kennenlernen und auskosten. Kann auch mal nicht so lecker schmecken oder im Schlamm enden. Hauptsache ausprobiert und nicht „Hätte, hätte, Fahrradkette" gesagt, dann, wenn es irgendwann mal zu spät sein sollte.

Fotografin bin ich, jetzt auch Coach, Leiterin einer Firma, bin Mutter, Freundin, Tochter, Partnerin, Schwester, Tante, Cousine und was weiß ich noch alles. Das volle Programm. Ich halte mich für verhalten-mutig, ja. Will was machen aus meinem Leben und in ihm. Und bin auch kräftig dabei. Genau so entstand die Idee vor vielen, vielen Jahren, irgendwann in ferner Zukunft einmal die Seidenstraße von Italien bis nach China zu bereisen.

Das Herrliche an solchen Supernova-Träumen ist, dass sie unendlich weit weg sind, ich mich darin verlieren kann und immer wieder vorfreuen. Doch was ist, wenn sie näher rücken und so nah kommen, dass sich Traum und Alltag fast schon die Hand reichen? Dann wird es mitunter kribbelig. Dann ploppt schon mal der Satz in mir auf: „Achte auf deine Träume, sie könnten Wirklichkeit werden".

Wer A sagt, muss auch B tun. So bin ich, konsequent. Manchmal auch ein wenig hart, mir selbst gegenüber. Wie dem auch sei. Im Jahr 2008 hatten wir, Sten und ich, die dann schon konkretere Idee, in ein paar Jahren diese windige Vorstellung vom Reisen entlang der Seidenstraße in die Realität unserer Leben zu holen. Ja, ich wollte. Sehr sogar. Nichts von wegen mitreisende Partnerin, Klotz am Bein, die ewige Nein-Sagerin. Manchmal kommt es eben einfach nur anders, als man denkt. Was gut ist. In meinem Fall hat der Prozess der Reisevorbereitung Zeug in mir von ganz unten aufgewirbelt, von dem ich weder wusste, dass es da schlummert, noch großartige Lust verspürte, mich dem zu stellen. Heute sage ich: Ist auch 'ne Form, sich selbst zu begegnen. Quasi, meine Reise vor der Reise. Also, auch wenn du dich auf den folgenden Seiten mitunter fragen solltest, ob ich zum Reisen gezwungen wurde, dann gebe ich dir hier, mit meiner Hand auf dem Herzen und meinem Lachen im Gesicht, ein glockenklares NEIN. Es war meine freie Entscheidung, mein Wunsch, mein Traum, mein Alptraum – ups, das letzte Wort habe nicht ich geschrieben. Das war mein Unterbewusstsein, was sich da reingemogelt hat.

Nun, ich erzähle einfach mal, wie alles kam, wurde und ist.

Hochverehrtes Leben

Wie genial ist es, sich seinen eigenen Wünschen hinzugeben. Wir haben keine Ahnung, wie es gehen soll. Doch eine Idee – eines fernen Tages aus dem Karton unseres gewohnten Lebens herauszusteigen, um die Welt zu erkunden. Der Gedanke ist nicht neu. Da gab es schon einige, die ihre Koffer packten, um zu sehen, was sie sehen, wenn sie sehen. Auf abenteuerlichste Weise sind sie losgezogen, die Marco Polos dieser Welt. Nun also auch wir. Irgendwann werden unsere Kinder groß genug sein, dass sie ihrer eigenen Wege gehen wollen. Irgendwann wird in uns beiden, die wir seit Jahren zusammenleben und gemeinsam an unserer Firma bauen, das Gefühl wach, es sei Zeit für einen neuen Sprung. Die Absprungrampe kann ich mir gerade noch vorstellen. Wie das Springen ist, da wird es in mir schon vage. Und von der Landung ganz zu schweigen. Sich selber noch mal neu erfinden. Was für ein verlockender Gedanke. Ich liebe ihn, vom ersten Bruchteil der Sekunde, als das Denken dahingehend reift. Das ist das, wofür ich brenne. Vorhersehbarkeiten, die klingen nach „Das muss so sein", „So macht man das", „So war es immer", eine Auszeit geben. Dem Fremden und Unbekannten mein Herz schenken. Nicht wissend, wohin es mich führt. Mich nicht auskennen. Ein Kleid aus Fragezeichen am nackten Körper. Das wäre was. Das schmeckt nach Lebendigkeit. Wie wunderbar, dass wir zu zweit sind, uns unsere Träume zuwerfen, als seien es Gummibälle. Solche mit Geschmack und Geruch und mit kleinen Zetteln darin. 2008 ist die Jahreszahl, die ich gerade routiniert an jedem einzelnen Tag vermerke. Jede Gesprächsmitschrift trägt das Datum, jedes Angebot und jeder Brief an einen Kunden. Und immer schreibe ich mit diesen vier Ziffern den Beginn unseres Vorhabens mit – 2-0-0-8. Eines schönen Tages wird es so weit sein. Wir werden ablegen, auf große Reise gehen. Leben, ich verehre dich. Meine kurzen blonden Strubbelhaare streifen den staubigen Boden, so tief ist mein Verbeugen.

 ## Redezeit

Beim Frühstück, zum Mittag, am Abendbrottisch, beim Gang durch die Straßen, überall ist er dabei. Unser Gedanke an die Reise. Er lässt uns nicht mehr los. Sitzt hinten im Auto, wenn wir mit dem Geländewagen ein Wochenende in matschigem Gelände verbringen. Ein Feuer machen, irgendwo auf einem entlegenen Feld. Auf die runden großen Strohballen wälzt er sich mit hoch, auf denen wir so gern die Sommernächte verbringen. Drei Ballen mit dem Auto zusammen geschoben – unser Platz, dem Himmel so nah. Die Flöhe jucken erst am nächsten Tag. Sie stören uns nicht auf unserem Flug in die Zukunft. Draußen sein ist unsere Sache. Da, wo die Dinge so greifbar scheinen. Ganz einfach und klar. Ein Jahr lang so leben, das wärs.

Städte würden Beiwerk sein, das wissen wir schon heute. Uns zieht es zu den Leuten auf dem Land. Das Miteinanderreden macht Spaß, befruchtet, bekommt Flügel und lässt zarte Wurzeln in unseren Köpfen keimen. Wir fühlen uns einander nah. Sten und ich. Wir zwei. Selbst Schweigezeit ist Redezeit. Das merken wir in diesen Tagen. Aalen uns in dem wohligen Gefühl, gemeinsam einen neuen Weg zu betreten. Eine Machete brauchen wir nicht, obwohl das Dickicht vor uns nur so wuchert. Lieber schauen wir erst einmal nach, was da so wächst, wie es riecht und wie es aussieht. Auf diesem für uns so vollkommen anderen Pfad.

Glitzertraum

Wer kennt ihn nicht, den Wunsch, einmal für eine Zeit lang zu gehen. Alles hinter sich lassen und einfach losziehen.

Wie oft in unserem Alltag denken wir: *Das kann es doch nicht gewesen sein.* Verlieren uns in Tagträumen und schwelgen in Phantasien, was alles sein könnte und schön wäre oder anders sein müsste. Doch wir belassen es meist beim Konjunktiv, schieben den Gedanken dann wieder zur Seite und wenden uns dem Alltagsgeschehen mit all seinen Verpflichtungen und Regeln und Abläufen zu. Das ist nicht schlecht und nicht verkehrt.

Geben diese Strukturen, in denen wir leben, Halt, lassen uns Teil unseres Umfeldes sein und helfen uns dabei, im Alltag zu bestehen. Wir beklagen uns über die Enge, die wir mitunter spüren, doch gleichfalls gibt es gute Gründe, warum wir darin verankert bleiben. Es geht um Sicherheit, um das Gefühl der Zugehörigkeit, um Gewohnheit. Wir schenken uns ein paar Tage Urlaub im Jahr, schwelgen in den herrlichen Momenten. Denn das Glück, das Schöne und Besondere lassen sich am stärksten in der Begrenztheit spüren. Wir wissen, es geht bald wieder zurück in den Alltag. Also genießen wir und frönen der Herrlichkeit der Reise, der Freiheit, der Gelassenheit. Automatisch kommt da der Gedanke in uns auf: *Manabe, irgendwann einmal, da mach ich das für länger.* Erholt aus dem Urlaub zurück klinken wir uns wieder ein in unser Leben mit Arbeit, Freunden, Familie, ein wenig Sport, einem Ausflug am Wochenende. Alles ist gut.

Glücklich zu sein mit dem, was ist, auf der einen Seite, und dann doch diese Stimme in uns, die da immer wieder anfragt, klopft, nachhakt, nicht lockerlässt.

Ich selbst betrachte mein Leben von hinten. Ich möchte am Ende nicht sagen: „Ach, hätte ich nur …" Ich will sagen: „Ich habe es getan, ich habe es versucht, ich habe es erlebt, gelebt, durchlebt. Ich war mittendrin. Ich habe mir ein eigenes Bild geschaffen." Das ist meine Art zu leben. Ja, es begleiten einen Ängste dabei. Zweifel kommen auf. Ist man mutig genug? Überschätzt man sich? Wird man einsam sein? Wie kommt man mit all dem klar, was da auf einen einstürmt?

Doch so weit kommt es meist gar nicht. Zu diesem Punkt gelangt man erst, wenn man tatsächlich in Erwägung zieht, einmal für eine Weile die Leinen loszulassen, an Bord seines Lebens zu gehen und sich bei sich selbst willkommen heißt.

Das Lesen meiner Erlebnisse kann ein Anstoß sein – oder zumindest die Überprüfung für dich selbst, was sich für dich stimmig anfühlt. Ist es für dich das Leben im Alltag mit all seinen wunderbaren Momenten und Details, die grandios sind. Dann genieße sie und kümmere dich nicht um die Gedanken der Unzufriedenheit. Oder rüttelt und zerrt und rumort es beim Lesen immer stärker in dir, so beschließe an dem Tag: *Ja, ich tue es. Für eine Zeit gehe ich einen anderen Weg.* Es gibt kein Richtig oder Falsch in dieser Frage. Es geht nur um eine Entscheidung, die dir hilft, in dem was ist, glücklich zu sein.

Mein Traum ist es, mich in das Abenteuer mit mir zu stürzen, denn ich glaube, dass das, was mit mir selbst auf dieser Reise geschehen wird, das Aufregendste von allem sein wird.

Am Ende werden wir es wissen. Also aufgemacht, um zu erleben.

 ## Mein Umbau

Wir leiten seit vielen Jahren eine Firma, haben diese gegründet und aufgebaut. Der Gedanke, nach 25 Jahren Selbstständigkeit einmal etwas ganz anderes zu tun und zu erfahren, war für uns beide, Sten und mich, sehr reizvoll. Ganz der Frage folgend: *Wann hast du das letzte Mal etwas zum ersten Mal getan?* Nicht, dass es in unserer Firma nicht immer wieder neue Herausforderungen gibt. Doch einmal vollkommen neue Perspektiven einzunehmen, komplett unwissend zu sein, den Sichtabstand zu vergrößern, um anders sehen zu können, das ist es, was uns das Leuchten in die Augen treibt.

Ich bin wohl so ein Planungsmensch. Ob ich mir das nun eingestehen will oder nicht. Ob das gut ist oder was auch immer. Klar ändert sich im Innen ständig etwas, doch die Grundzüge stehen. So scheint mir. Da haben wir nun in ach so weiter Ferne vor, für ein Jahr sämtliche Ufer hinter uns zu lassen. Wie das gehen soll, davon habe ich momentan nicht den blassesten Schimmer. Ich bin komplett eingepackt in unserer Firma. Vieles läuft über meinen Tisch. Die Kundenprojekte haben mich im Visier und ich sie. Wenn wir das wirklich durchziehen wollen, bedeutet das, einen kompletten Umbau meiner Selbst. Alles muss weg. Ist das dann mein eigener Ausverkauf? Ist ja nun nicht so, dass ich nahe der Sechzig wäre und ans Aufhören denken würde. Hm, nee, alles andere ist der Fall. Ich stehe mittendrin – in meinem Leben, im Geschäft, in meinem Tun. Irgendwas ist reizvoll an dem Gedanken, diese geplante Reise als Anlass zu nehmen, mich selbst umzubauen. Und irgendetwas daran ist bedrohlich. Reißt mir geradezu die Füße weg, wenn ich nur daran denke. Es ist, als ruckele ich selbst an der alleruntersten Karte meines eigenen Kartenhauses. Dumm nur, dass ich nicht daneben stehe, um zuzuschauen, sondern obenauf, da, wo sich die beiden höchsten Karten an der Kante nur zart berühren. Um nicht zu viel Kraft auszuüben, um ja nicht zu stürzen. Ja, da oben balanciere ich umher. Immer gewahr, abstürzen zu können. Und dann das. Da nehme ich mir doch allen Ernstes vor, mein Kartenhaus mit allem, was drin steht, angebaut, ausgebessert und geflickt wurde, abzutragen. Die große Frage nur: Was wird aus mir?

Toll ist, ich habe noch Zeit. Ich muss nichts überstürzen, nicht hetzen. Torschlusspanik kann gern vor dem Tor Halt machen. Reden nicht immer alle von Chancen, wenn es darum geht, in eine neue Phase seines Lebens einzutreten? Ich frage mich nur gerade, ob ich so etwas überhaupt will. Eine neue Chance. Das, was ich tue, macht mir eine Menge Spaß. Ich weiß, wo ich hingehöre. Sehe Sinn in dem, was ich tue. Habe Erfolg.

Klar, es ist 'ne Menge zu tun. Immer. Ja, wir schreiben gerade das Jahr 2008 und haben eine Wirtschaftskrise, die mir persönlich voll zu schaffen macht. Nicht, weil ich für die ganze Welt zuständig wäre, doch irgendwas kratzt mich innerlich ganz gewaltig, wenn ich an unsere Mitarbeiter denke, bei denen ich mir nicht sicher bin, ob wir alle halten können. Vor allem, wenn ich auf die Projekte sehe, die definitiv weniger werden. Ich mache mich fertig. Es macht mich fertig. Ich weiß, das tut mir nicht gut, doch ich komme nicht umhin. Die Firma mit den Leuten ist einfach mein Ding. Ich habe sie mit aufgebaut, fühle mich verantwortlich für das, was da passiert oder eben auch nicht. Gern möchte ich in diesen Tagen den Satz aus mir herausschreien: „Ich geh dann mal die Welt retten!"

Wenn es denn so einfach wäre. Ja, es lähmt mich zu sehen, wie alles um uns herum und in uns selbst stagniert. Wo soll ich den Optimismus hernehmen, den ich so gern verstreuen möchte, wenn ich ihn gerade selbst nicht in mir finden kann? Ist das mit dem Umbau meiner Selbst vielleicht doch keine so schlechte Idee? Ziehe ich mich doch einfach mal zurück und spinne herum, was ich denn gern täte, wenn ich denn könnte und wöllte und dürfte. Ich merke, wie ich beginne, an dem Gedanken Freude zu haben. Mich selbst wieder einmal neu erfinden. Da spüre ich doch tatsächlich einen Hauch an Vorfreude. Wollen wir mal sehen, wo das noch hinführt.

 # Hallo Zukunft, bitte kommen

Was für ein Luxus. Ich genehmige mir selbst, darüber nachzudenken, wo es mit mir hingehen soll, kann, darf. Das ist doch glatt ein Fest. Wann gibt's das schon mal? Meinen Gedanken freien Lauf lassen. Ohne Leine und Beißkorb. Die Möglichkeiten sprudeln lassen, als wären sie ein frisch ausbrechender Vulkan. Schon merkwürdig. Noch ist alles beim Alten. Und doch ist alles anders. Ich freue mich auf das, was vor mir liegt. Ohne eine Ahnung davon zu haben. Allein der Gedanke daran lässt mich ein paar klitzekleine Millimeter weit über dem Boden schweben. Mich immer wieder neu zu erfinden scheint eines meiner Geheimrezepte zu sein, die ich mir selbst zubereite, derer ich mir bisher trotzdem nicht bewusst war. Welche Bedeutung es für mich hat, in den von uns selbst entwickelten Strukturen unserer eigenen Firma meine eigene Rolle alle paar Jahre zu wandeln. Hin zu dem, was mich zieht, anzieht, interessiert, beschäftigt und begeistert.

Als Fotografin fing ich einmal an. Voll gepackt mit Leidenschaft habe ich fotografiert. Alles, was mir vor die Linse kam – Mode, Maschinen, Glaskannen und Mikrochips. Ich hatte mein eigenes Studio, zwei Lehrlinge, später Mitarbeiter. Tag und Nacht, Nacht und Tag stand ich im Studio, trug meine Generatoren durch die Gegend, habe Hintergründe auf- und wieder abgebaut. Schwerlasttransporter und Feinsinn in einem. Nach Jahren kam die Beratung dazu. Sie schlich sich durch irgendeinen Seiteneingang herein. Kam, um zu bleiben. So wurde die Nacht zum Tag des Bildes und der Tag voll mit Meetings. Konzepte, Konzepte. Strategiepapier hier, Prozessbegleitung da. Erst allein, später im Team. Der Beratungszweig wuchs, schlüpfte aus den Kinderschuhen raus in stattliche High Heels. Die Fotografie gab ich ab. Nicht auf. Sie blieb meine

Herzensangelegenheit, mein Rückzug. Das Medium meines Ausdrucks. Ganz für mich allein. Ohne, dass ein Kunde mir noch einmal quergrätschen konnte. Zur Beraterin und Personalverantwortlichen gesellte sich später die Kommunikationstrainerin dazu. Echt gut zu wissen, wie ich das hinbekomme, heterogene Gruppen zu führen, Workshops zu moderieren, einzelne Personen in ihren Kommunikationsfähigkeiten voranzubringen und selbst haufenweise dazuzulernen. Hat Spaß gemacht, in den vergangenen Jahren. Doch da wartet noch was. Das merke ich, jetzt, wenn ich mir großmütig erlaube, darüber nachzudenken. Mich zieht es weg von Gruppen, den großen Getrieben und schweren Maschinen hin zu den ganz individuellen Menschen und ihren ureigenen Systemen. Denen, die vorn dran stehen. Das Sagen haben, wenn sie was zu sagen haben. Und sich manchmal nicht sicher sind, was sie sagen wollen.

Seit Jahren bin ich selbst in Führungsverantwortung. Ich weiß, wie sich das anfühlt. Kenne die klare Luft da oben und den rauen Wind, der dort weht. Je mehr ich darüber nachdenke, umso deutlicher wird mir, dass ich es für mich selbst in der Zukunft wieder klein und fein sehe. Das große Rad habe ich geschwungen. Das ist ein alter Hut für mich. Zu beweisen gibt es da nichts mehr. Spannender, und aus meiner Sicht sinnstiftend, brauchbar und von Nöten erscheint mir, Führung darin zu unterstützen, Entscheidungen bewusst und durchdacht zu fällen. Einen Ort des neutralen Austausches zu bieten. Begleitung in schwerwiegenden Fragestellungen auf Augenhöhe zu ermöglichen. Denke ich daran, wird mir innerlich wohl. Ich sehe da etwas, was mit mir und meiner Zukunft zu tun haben könnte.

Hey, das wäre doch echt eine Vision. Ich nutze die Zeit für mich zu einer Ausbildung und entwickle gleichzeitig einen Nachfolger in meinem derzeitigen Job und Verantwortungsfeld, meiner Stellung und Position. Gut wäre, wenn wir das neue System vor unserem Reisestart auch schon leben könnten. Damit dann nicht alles so Knall auf Fall passiert. Das hieße, ich würde in kleinen Schritten aus dem heraustreten, was mich momentan beruflich ausmacht.

Könnte vor unserer Reise schon mal ausprobieren, wie sich mein neuer Job anfühlt, und hätte danach meine bunte, wohlig duftende Blumenwiese, ein Feld, auf dem ich niemanden vertreiben müsste, das ich ganz für mich beackern kann. Ohne, dass die gesamte Maschinerie zum Stehen kommt. Wie verrückt ist das denn? Ich habe eine Idee, ein Gefühl, wo es für mich hingehen kann. Alles noch Zukunftsmusik. Und keine Ahnung, was wirklich daraus werden wird. Doch mein Gedanke ist klar. Eine Vorstellung davon, wo ich die Ausbildung machen könnte, habe ich auch schon. Mich hält kaum noch etwas still. Ich habe ein eigenwillig scharf gezeichnetes Bild von mir. Ich, in sieben Jahren. Ich werde Business-Coach! Coach für Menschen in Führung.

 ## Messen ermessen

Für alles gibt es ja offenbar Messen. Große, kleine, bekannte, erfolgreiche, aufsteigende Messen an allen möglichen Plätzen der Welt. Die Menschen wollen sich zeigen. Und das, was sie auf dem Kasten haben. Einst wohl um kirchliche Feiertage rankend, den Schutzheiligen ansprechend. Aus diesen frühen Tagen um das Jahr Sechshundert n. Chr. leitet sich der Begriffe „Messe" ab. Sein Urahne war das lateinische Wort „missa", welches so viel wie „Aussendung" bedeutet. Später rückten Verkehrsknotenpunkte in das Zentrum der Aufmerksamkeit. Man traf sich dort, wo Nord auf Süd und Ost auf West stießen, um Waren und Wissen auszutauschen und Handel miteinander zu treiben. Und heute? Gibt da noch jemand sein Wissen preis oder geht es nur ums (Ver-)Kaufen? Oder ums Gesehenwerden und Dabeisein?

Wissen, Erfahrungen, Ideen – das ist das, was mich reizt. Ich fühle mich meilenweit entfernt von jedweder Ahnung, wie man eine so große Reise angehen könnte. Mich mal unter das Volk zu mischen, um zuzuhören, finde ich irgendwie einen reizvollen Gedanken. Wir haben von Bad Kissingen gehört. Die Messe dort scheint uns zu entsprechen. Bei allem Nebel, der um uns wabert, wenn es um die Reise geht, hilft es zu sehen, was andere tun. Eines ist uns beiden schon heute klar. Wir wollen auf dem Landweg reisen. Nicht von Flughafen zu Flughafen hüpfen, sondern uns geländegängig auf entlegenen Pisten durch die Landschaften und Länder bewegen. Da, wo wir das ursprüngliche Leben vermuten. Möchten erfahren, wie Natürlichkeit schmeckt und die Einsamkeit, das Sich-Selbst-Begegnen und das mit Menschen auf unserem Weg. Riesige Ebenen sehe ich vor mir. Kein Baum, kein Strauch, keine Stadt, nur Weite.

Bad Kissingen also. Da findet, laut glühender Erzählungen, jährlich im Mai die größte Offroad-Messe Europas statt. Bisher war mir diese Messe kein Begriff, doch so ist das halt. Kaum hat man einen neuen Floh im Ohr, eröffnet sich förmlich eine andere Welt, scheine ich mit neuen Augen zu schauen. Gereist sind wir schon immer viel. Auf eigene Faust sowieso und mit einem allradbetriebenen Fahrzeug durchs Gelände zu holpern, ist uns schon lange eine Freude. Die Wüsten der Welt sind unsere Kraftorte. Immer wieder zieht es uns dorthin, wo die Dünen sich bis zum Horizont aufschwingen, der stürmende Sand unseren Beinen ein Peeling schenkt, das Leben nicht gemacht zu sein scheint für diese Unendlichkeit des großen Nichts. Unser beider Herzen gehen auf, verbinden sich und schlagen im harmonischen Takt miteinander, wenn wir uns erinnern, an unsere Reisen durch die Wüsten. Doch das, was wir jetzt vorhaben, scheint mir, rein schon von der Dimension der Zeit her, eine andere Nummer zu sein. Vielleicht auch nicht. Vielleicht übertreibe ich und sehe das alles viel zu dramatisch. Wie dem auch sei. Ich brauche ein erstes Gefühl und eine Ahnung davon, wie andere so einen Trip angehen. Also, aufs Wochenende gewartet, Kinder geschnappt und los gehts nach Bad Kissingen. Der Weg dahin, gesäumt von haufenweise umgebauten Geländewagen. Sie kommen uns entgegen, überholen uns locker. Für die scheint das alles ein alter Hut zu sein. Routiniert latschen die Leute später im Gänsemarsch durch den Schlamm. Wahrscheinlich gehört das zum Konzept der Messe. Ich habe bequeme Schuhe an, doch die Grobstolligsten sind das nun auch wieder nicht. „Well equipped" ist was anderes. Trotzdem fahre ich eine Runde mit dem ausgedienten Militärgefährt MAN Kat 2 über Stock und Stein und kann mich an dem Gefühl kaum sattfreuen, was ich beim Kurvenfahren empfinde, da ich direkt auf der Lenkachse sitze. Das Fahrzeug dreht sich quasi unter mir.

Einen Outdoor-Grill erwerben wir und Hängemattenschlafsäcke für unsere Kinder. Wirklich näher gekommen bin ich in meiner Vorstellung, wie eine Jahres-Reise durch die Welt auf dem Landweg funktionieren kann, nicht. Doch wer weiß. Für irgendwas ist alles gut. Ein erster Schritt war das. So viel ist meiner Innerlichkeit klar. Ich bin wie angeknipst. Der Strom fließt.

☒ 2015 Mit mir oder ohne mich?

Natürlich weiß unsere Familie, insbesondere unsere Kinder, von unserem Vorhaben. Es ist uns von Anfang an wichtig, dass alle die gleiche Chance haben, in den Gedanken hineinzuwachsen, ihn mittragen und mitentwickeln können und nicht davon überrannt zu werden. Apropos überrannt. Wenn sich jemand überrannt fühlt, dann bin ich das. Sten und ich, wir sitzen wieder und wieder beisammen, um an unserem Traumkonstrukt zu basteln. Bei allem, was sich da vor meinem geistigen Auge auftut, ist eines klar:

Es liegt in weiter Ferne, da unsere Kinder noch zur Schule gehen und ich mir eine Abreise zu keinem anderen Zeitpunkt auch nur im Leisesten vorstellen könnte, als dem, wenn alle drei die Schule beendet haben würden und beginnen auf ihren eigenen Beinen zu stehen. Bis ich in diesen Tagen mitbekomme, dass Sten anderen von unserem Vorhaben erzählt. So weit, so gut. Doch als ich höre, dass er davon redet, die Reise in den nächsten fünf Jahren antreten zu wollen, platzt mir komplett die Hutschnur meines nicht vorhandenen Huts. Nicht an diesem Abend. Nicht im Gespräch mit Unbeteiligten. Doch später zu Hause. Ich stelle ihn vor die unmissverständliche Wahl: Entweder im Jahr 2015 und mit mir, oder früher, doch dann garantiert ohne mich.

Wochenlanges Schweigen zu diesem Fakt ist die Reaktion. Bis ich an meinem Geburtstag eine kleine Wüstenlandschaft aufgebaut finde, mit allen möglichen gezeichneten und aufgeklebten Reiseassoziationen. Doch das eigentlich Entscheidende ist eine kleine Stelle, die auf eine Beschriftung wartete. Darüber steht: „Den Starttermin bestimmst du!" Was habe ich mich gefreut! Ich empfinde das Geschenk als so liebevoll und spüre, dass es ab nun unsere gemeinsame Reise wird. Habe sofort und augenblicklich fett und unmissverständlich die Ziffern *2*, *0*, *1* und *5* auf die kleine freie Fläche geschrieben. Da steht sie nun und harrt der Dinge, die da hoffentlich kommen.

 ## Geldberg

Unsere Reise, unser Traum, unser, unser, unser. Und doch auch meins. Meins, wenn es um die Frage geht, wie will ich mein

Leben finanzieren, dann, wenn ich für ein Jahr kein Geld verdienen werde? Klar, ich könnte mich hinsetzen und einfach abwarten. Doch das ist nicht mein Ding. Bin nicht die „mitreisende Ehefrau". Es ist Stens Reise und es ist meine Reise. Mit allem was dazu gehört. Verantwortung übernehmen, sie tragen, austragen und spüren. Auf den Schultern. Mal die Last des Gewichts. Dann wieder den Stolz, der daraus erwächst, es selbst in meinen Händen zu halten. So viele reden davon, sich „so etwas nicht leisten zu können". Und klar, das stimmt. Doch eines weiß ich. Möglich wäre ein solches Vorhaben für weitaus mehr Menschen, als die, die vorgeben, es aus finanzieller Sicht nicht stemmen zu können.

Ich glaube, es ist oft einfach eine Frage des eigenen Wollens. Will ich mich wirklich so weit umorientieren, um auf ein solches Vorhaben hinzusteuern? Will ich sparen? Will ich meinen Lebensschwerpunkt verlagern? Brenne ich so weit, dass die Hitze der mich tragenden Flammen ausreicht, Unwägbarkeiten aus dem Weg zu schaffen? Oder habe ich einfach andere Pläne? Dann ist alles gut. In mir jedenfalls habe ich einen Hebel umgelegt. Meine Gedanken kreisen um die Machbarkeiten, Möglichkeiten, Notwendigkeiten. Es ist, als begäbe ich mich auf einen Flug im freien Fall und bin gleichzeitig darauf bedacht, den Boden zu präparieren. An allen möglichen Stellen. Nicht wissend, wo ich eventuell einmal hart aufschlagen werde. Eines dieser Bodenhaftungs-Wiesenstücke ist mein neu gefasster Plan, ab jetzt zu sparen. Jeden Monat, ganz konsequent. Da ist sie wieder, die Planerin, die sich selbst an die Hand nimmt und ganz sicher weiß, dass sie ihre Reise nur antreten wird, wenn sie sich die auch ganz persönlich leisten kann. Für mich ist es mein Mich-Selbst-Identifizieren mit dem großen Vorhaben. Anderes zurückstellen, Wertigkeiten umsortieren, kritisch auf das schauen, wofür das Geld im Alltag in alle möglichen Richtungen fließt. Zweihundertfünfzig Euro, das ist mein Versprechen an mich selbst, lege ich ab jetzt Monat für

Monat zur Seite. Das erinnert mich, an die Machbarkeit der Idee. Das zeigt mir selbst, wie ernst ich es meine, eines Tages auf Reisen zu gehen.

Mein kleiner gelber Koffer

Vorfreude liegt am weichen Boden meines Koffers. **Stolz** packe ich seitlich dazu, mir selbst ein solches Vorhaben in mein Leben zu schreiben. Ich spüre schon heute, dass ich noch 'ne Mut-Tüte als Vorrat brauche. Doch die **Leichtigkeit** überwiegt, die den Hohlraum im Koffer ausfüllt, ihn rundherum beulen lässt und trotzdem schweben.

Abenteuerdurstig

Wir wollen uns üben in dem wirklichen Aufgehen und Wahrnehmen des Augenblicks. Im Ausweiten dessen, was im Jetzt geschieht. Ohne den Moment einzuengen durch ein immerwährendes Erinnern an das Vergangene und Springen nach vorn in die Zukunft. So, als wollten wir dort immer mal nachsehen, ob es uns dann da auch noch gibt. Quasi als eigene Security. Permanent um uns selber kreisend, nach allen Seiten Ausschau haltend, nur nicht wahrnehmen, was unter den eigenen Füßen gerade vor sich geht. Das Erinnern mit in den Augenblick zu holen, als etwas, was wir bewusst tun. Und auch die Zukunft als Vorfreude mit einzuladen, in unserem „Jetzt"- Platz zu nehmen, kann viel frische Energie freisetzen. So ging es mir, als ich vor fünf Jahren dem Gedanken in mir Raum gab, zwölf Monate lang zu reisen. Allein dieser Gedanke hat mich beflügelt. Das Gefühl, dass ich zu jeder Zeit meines Lebens Dinge tun möchte, die mich begeistern und herausfordern, war so ein Moment, in dem ich mich selbst hätte umarmen mögen.

Nicht in der Vorstellung zu leben, auf ewig das Gleiche zu tun, jahrein, jahraus, sondern dann, wenn es sich anbietet, wenn es gehen könnte und die Möglichkeit besteht, wieder auf neue Art meine Geschichte in die Hand zu nehmen, hat mich froh gemacht. Ich war glücklich darüber, mit mir zu sein.

Ich bin ein visueller Mensch und so kommen mir sofort Bilder in den Kopf, stelle ich mir etwas vor. Ich sehe mich auf einer endlosen, staubigen Piste stehen, an weiten, warmen Wassern sitzen, zurückgezogen lebende Menschen in entlegenen Dörfern treffen, mit ihnen Tee trinken und mich über Gesten mit ihnen verständigen. Die Bilder sind klar, in kräftigen Farben, leuchtend und scharf gezeichnet. In den letzten Jahren haben allein diese Bilder ausgereicht, mich ruhig und doch freudvoll zu stimmen. Allein deshalb, weil es ein sicheres Gefühl in mir gab, diesen puren Gedanken auch tatsächlich für mich Realität werden zu lassen.

Diese nach trockenem Staub duftenden, klingenden Bilder erzeugen Erwartungen, weil sie schon fast so klar sind, als seien es reale eigene Erlebnisse. Die Bilder treiben mich an, schenken mir Kraft und Energie, wenn es mal gleichförmig und eintönig zu sein scheint. Ich lese alles, was ich über das Langzeit-Reisen finden kann, ich sammle Informationen. Das läuft einfach nebenher. Über Monate hinweg.

Für mich selbst spürbar und sichtbar zu sein. In diesem Sinne vielleicht etwas zu hinterlassen. Keine Ahnung, warum ich dieses Streben nach dem habe, was mich überdauert. Kann es nicht einfach genug sein, dass ich da bin und irgendwann da war? Sind wir so wichtig? Nehmen wir uns zu wichtig?

Ich fahre es einfach mal runter auf die Vorfreude, die meinem Alltag Schwung gibt, ihn farbiger erscheinen lässt und mich ein wenig nährt, wenn ich Lebenshunger verspüre.

 ## Suche suchen

Orientierung, was interessiert mich, worin bin ich gut, wo will ich hin, welche Länder, welche Themen, allein oder zu zweit, was Bekanntes, was Neues, auf welche Art reisen? Ideale verwirklichen? Was sind überhaupt meine Ideale, Werte, Visionen? Wie will ich reisen? Was ist mir wichtig?

Knoten. Fragen. Wirrwarr. Selbstgespräche. Es wird konkreter. Ich spüre es.

Wir wollen zu zweit reisen, Sten und ich. Wir wälzen das Internet, um herauszufinden, wohin andere reisten und wie. Wir lesen, schicken uns Links hin und her. Schwelgen und träumen und sind manchmal enttäuscht von den Vorstellungen des jeweils anderen. Ich möchte mit der Sonne fahren, Sten ihr entgegen. Ich will Menschen begegnen, Sten endlos leeren Landschaften.

Suche und Entscheidung ist Findung, Positionierung, Abgrenzung, Einigung und Fokussierung, auch Einengung. Wir nähern uns wechselseitig an. Ich bewege mich in Stens Himmelsrichtung, er sich in meine Gedankenebene. Wir sind uns einig, dass wir Länder bereisen wollen, die wir nicht unbedingt auf unserer Jahresendentspannungsurlaubsliste stehen haben. Es soll eine Reise sein, kein Urlaub. Es soll uns fordern und herausfordern. Überfordern? Wer weiß? Das sagt sich jetzt so schön. Noch sind ja ein paar Jahre Zeit bis zum Knall aus der Startpistole. Und, ja, wir wollen allein reisen. Jahr und Tag sind wir von Menschengruppen und damit von Gruppendynamik umgeben. Uns ist klar, welche Dynamik es bekommen kann, wenn wir 365 Tage und Nächte zu zweit sind. Auch das ist Gruppendynamik. In jedwede Richtung. Entweder verstehen wir uns auf und nach der Reise so gut wie nie zuvor, oder gar nicht. Irgendwas Weichgespültes dazwischen gibt es nicht. Dazu kennen wir uns zu gut. Dazu ist ein Jahr zu lang. Das ist uns beiden mehr als klar.

Ich möchte Zeit für mich haben beim Unterwegssein. Ich will zur Ruhe kommen, um mich selbst zu hören. Keine Ahnung, was es sein wird, was ich dann höre. Doch ich will mir wenigstens die Chance geben, es zu mögen. Die Möglichkeit, Dinge anders anzugehen oder gleich ganz andere Dinge zu tun als bisher. Als es mir der Lauf der Tage, der Wochen, der Monate und Jahre bisher vorgibt. Ich möchte mit verschiedenen Optionen im Gepäck losfahren und auf dem Weg entscheiden, was ich tue und lasse oder durch anderes ersetze. Ich glaube, dass gerade das „Lassen" entscheidend und hilfreich sein wird. Noch hab ich keinen Schimmer, wie das gehen soll, doch ich habe den Verdacht, dass das Erkunden dieses Terrains die weiteste Reise sein wird. Die, die ich mit mir selbst antrete.

Hilfe! Notfall!

Mit verbunden Augen sitze ich am Steuer. Unter mir Räder, die rollen. Ein Motor, der läuft. Und einen Sten neben mir, der konfuse Satzfetzen von sich gibt. „Gleich kommts, mach langsam, Vorsicht, jetzt hm, ja, was soll ich sagen …" Ich versuche, mich auf Stens Worte einzulassen, und merke doch, wie ich innerlich brodele und eigentlich in Sekundenschnelle am Kochen bin.

„Wie bitte soll ich mich auf diese Wischiwaschi-Aussagen verlassen können?", knalle ich ihm an den Kopf, während ich mir das Tuch von den Augen reiße. „Mir immerzu vorwerfen, ich würde zu ungenaue Anweisungen geben. Und selbst?" Es ist die reine Katastrophe. Und wir beide mittendrin in unserem Konflikt, den Steffen, unser Freund aus Senftenberg, schon lange aufgestöbert hat.

„Ihr müsst lernen, euch aufeinander verlassen zu können. Sonst landet ihr ständig im Chaos miteinander", hat er uns vor Wochen mit auf den Weg gegeben, als wir ein Wochenende lang Fahrtraining im Senftenberger Tagebaugebiet hinter uns hatten. Alles schön und gut. Wir wissen, dass wir da ein Thema haben. Doch wie angehen? Wir täten es, wenn uns eine Idee käme.

Mit Steffen steht diese Idee vor der Tür. Oder besser, sie sitzt am Telefon. „Ich mache mit euch ein Vertrauenstraining im Fahren und in der Ersten Hilfe", reicht er uns sein Angebot auf dem Silbertablett durchs Funktelefon. Wir greifen mit vier Händen sofort zu, finden einen freien Termin und uns wenig später in Steffens Händen wieder. Der alte Psychologe. Was hat er nur, dass wir IHM beide vollkommen vertrauen? Und was haben wir, dass wir es wechselseitig dem anderen anscheinend verwehren? Zeit zum Nachdenken bleibt nicht. Steffen ist unser Mann der Tat.

„Hört auf, sinnlos freundlich zu tun", ist einer seiner ersten Sätze. „Freundlich könnt ihr hinterher zueinander sein, wenn ihr geschafft habt, was ansteht." Der Abhang, das tiefe Loch, die Schräge, der schmale Steg, der weiche Boden. Immer wieder führt er uns in Situationen, bei denen wir beide unsere festen Aufgaben bekommen. Mal fahre ich, mal Sten. Dann gibt es meine Ansagen oder es hagelt seine Anweisungen. Funktionieren ist was anderes. Wir stellen uns an wie bockige Kinder. Wir nölen, sind gestresst und zickig. Ungenau in den Formulierungen. Unzufrieden und wenig geduldig. Bis wir aufhören damit und versuchen, Steffens Art nachzuahmen.

„Du hast noch einen Meter, noch fünfzig Zentimeter. Stopp", „Vor uns liegt eine Steigung. Bis zu ihrem Beginn sind es fünf Meter. Ich zähle bei fünf beginnend rückwärts. Lenkrad gerade halten, nicht einschlagen. Rechts und links sind jeweils nur dreißig Zentimeter Platz. Doch alles fester Boden" – „Wenn ich sage Halt, dann sofort stoppen" geben wir uns allmählich klarere Anweisungen. Während der andere gerade die Augen beim Fahren verbunden hat oder einfach nicht sehen kann, was hinter unserem Fahrzeug los ist. Ob wir es wahrhaben wollen oder nicht. Wir nehmen langsam Hürde für Hürde. Hören uns zu, versetzen uns in den anderen hinein. Wie ein gemeinsamer Tanz, einer Art Choreographie gleich, beginnen wir, uns Halt zu geben, bringen uns voran auf sicheren Boden. Nachts das Einweisen und Fahren in einen engen Parkplatz vorbei an tiefhängenden Hausecken und spitzen Metallteilen flutscht, als hätte es nie andere Szenen zwischen uns gegeben. Da ist der Transport des anderen als vermeintlich Schwerverletzter bei unserem nächsten Training mit Steffen fast ein Kinderspiel.

Lustig ist es überhaupt nicht, uns bewusst zu machen, dass es passieren kann, den anderen schwer verletzt irgendwo in der Pampa bergen zu müssen. Doch gut ist, das einmal unter Steffens ruhigen Worten zu durchdenken. Was wäre wenn und was ist dann zu tun? Wie schaffe ich es, Stens Körper irgendwohin zu heben, wenn alle seine Muskeln schlaff und nur Gewicht sind, doch mir keine Hilfe bieten?

Mir ist schlecht und schwindelig. Ich spüre, dass das eine meiner größten Ängste ist, wenn ich an unsere geplante Tour denke. Bitte, bitte lass es nicht geschehen, dass ich ihn jemals aus einer so schwierigen Situation befreien muss. Bitte! Und Danke! Danke Steffen. Du bist ein Kracher. Ein toller Freund, der weiß, worauf es ankommt. Wenn es darauf ankommt.

 # Test, Test, Test

Die Testphase scheint im vollen Gange. Wie viel sollten wir mitnehmen an Klamotten und Ersatzteilen und Büchern und DVDs und Essbarem? Welche Art der Navigation funktioniert am besten für uns? Reicht da ein doppelter Boden oder lieber dreifach abgesichert? Wie ist es mit der Versorgung unterwegs? Wie geht das mit dem Wasser zum Beispiel? Müssen wir das immer kaufen? Oder finden wir Quellen, bei denen wir das gute Gefühl haben, uns keinen Wolf in den Bauch zu holen? Alles Themen, die in unserem organisierten Alltag zu Hause überhaupt keine Rolle spielen. Doch wie einsam fühlen wir uns dann, so allein auf weiter Flur? Ist es da eine Erleichterung, mal eine DVD einzuschieben und ein Stück der Zivilisation zu erleben? Oder geht uns das dann grenzenlos auf die Nerven?

Ich habe keine Ahnung und werde es wohl auch erst erfahren, wenn wir tatsächlich auf unserer langen Tour sind. Doch bis dahin ist es noch ein paar Mal schlafen. Im Moment stehen andere Fragen vor der Tür und drängen sich mit ihren fetten Schlammschuhen zu uns herein. „Wo fahren wir in etwa lang?" Und damit meine ich nicht, welche Piste und welche Abzweigung wir wählen. Nein, ganz grundsätzlich. Was sind unsere Länder? Es soll gen Osten gehen. Gut, so weit haben wir uns inzwischen verständigt. Die Seidenstraße liegt uns beiden am Herzen. Das Wort „Seidenstraße" löst etwas Magisches in uns aus. Es zieht uns an, es lässt uns nicht los, es bewegt sich in uns und bewegt uns. Wir wissen, ob wir nun darüber sprechen oder schweigen, die Seidenstraße ist DER Aspekt unserer Reise. Dumm nur, dass „Seidenstraße" absolut verheißungsvoll in meinen Ohren klingt. Doch „Russland" macht genau das nicht. Etwas unendlich Düsteres erscheint bei diesem Wort in meiner Vorstellung. Rau, unwirtlich, unfreundlich. Sorry Russland, ich habe keine Ahnung, warum das so ist. Doch du kommst mir gigantisch und damit angsteinflößend vor. Ist echt eine riesengroße Frage für mich, ob ich mir vorstellen kann, dich zu bereisen. Auf unserer großen Tour. Der Reise unseres Lebens. Wir machen es kurz und pragmatisch. Noch haben wir zwei Jahre Zeit. Wir schnappen uns die Wochen unseres Sommerurlaubs, beantragen kühn ein Visum für Russland. Rechtzeitig bitte. Denn sechs Wochen Wartezeit sind schon die Schnellbehandlung. Finden eine Fährverbindung nach Finnland und machen uns auf den Weg.

Es ist ein Test. Wir nennen ihn auch so. Die zwei großen Fragen sind: Können wir uns vorstellen, Russland für längere Zeit zu bereisen und alle hemmenden Vorurteile über Bord zu werfen? Und die zweite, fast noch entscheidendere Frage ist die nach unserem Reiseteam: Können wir uns tatsächlich vorstellen, dass es gelingt, zu zweit für eine so lange Zeit unterwegs zu sein? Auf engstem Raum. Den anderen permanent um sich zu haben. Alle bisherigen Reisen unternahmen wir mit unseren Kindern oder Freunden. So richtig auf uns allein gestellt waren wir seit Ewigkeiten nicht mehr. Das Gute an uns beiden ist, dass wir herrlich über uns selbst lachen können. Wir spüren, wann es zwischen uns bierernst wird. Und dann kracht es. Aber richtig. Dann fliegen die Fetzen. Doch bis dahin gibt es ein großes freies Feld voller Humor, der uns weit trägt. Also, auf in unser Testabenteuer Russland. Als Ziel haben wir uns den Onegasee in Karelien ausgesucht. Er ist der zweitgrößte See Europas, gleich hinter seinem Nachbarn, dem Ladogasee. Nur kennen sowohl den einen als auch den anderen See nur wenige Leute. Und dass sie die größten Seen Europas sind, ist fast völlig unbekannt. Einhundert Kilometer ist er breit und zweihundertfünfzig Kilometer lang, der Onegasee. Petrosawodsk liegt als Hauptstadt Kareliens am Ufer des Sees. Die Insel Kischi ragt als Anlaufpunkt aus seiner Mitte heraus. Rundherum ist ein großes Nichts. Also genau die Gegend, die wir suchen, um herauszufinden, ob das mit uns beiden klappen kann. Super Urlaub. Tolle Aufgabe. Spitzen-Idee … Und, wie gehen wir den jetzt an, den Test?

Erst einmal fahren wir lange, schweigsame Kilometer zu zweit von Jena aus nach Travemünde. Dort reihen wir uns ein in die Schlange der Wartenden. Aus Nachmittag wird Abend. Aus Abend schließlich Nacht. Langeweile scheint nicht aufzukommen bei den vielen Abenteuergeschichten, die hier zum Besten gegeben werden. Eine Schlange voller Helden, so kommt es mir vor, hat sich vor und hinter uns gebildet. Wir zwei mittendrin. Es muss bei so viel Heldentum ja auch noch Leute geben, die zuhören. Und an den entsprechenden Stellen „Oh" und „Ah" und „Ach so" oder auch „Wie schlimm" von sich geben. Ich sage nur Gruppendynamik.

Für mich ist spannend zu erleben, wie alle zu Beginn einfach Wartende auf eine Fähre sind. Scheinbar jeder dem anderen gleich. Doch blitzschnell sind die einen die Seebären, die anderen die Großwildjäger, wieder andere die Weltenkenner oder unerschrockenen Recken. Suchende, Fragende oder still Erwartende scheinen nicht vertreten. Schade. Das wären die, zu denen es mich ziehen würde. Nun, ich kann nicht alles haben. So schlüpfe ich in die Rolle des beobachtenden Zuhörers und betreibe meine Studien darüber, wer mit wem und warum wer wie meint, sein zu müssen oder zumindest wirken zu wollen. Einen Riesenspaß habe ich dabei. Und schwuppdiwupp öffnet sich das große Maul der Fähre, bittet gähnend um unser Eintreten, oder besser Einrollen. Unseren Schlaf den Wellen geschenkt, den darauf folgenden Morgen ebenso. Ein Tag auf dem Meer. Ein wundervoller Zwischenraum von nicht mehr und noch nicht. Sicherer Boden, wo keiner ist. Ein Glas Weißwein mit Krabbencocktail, später Roséwein mit Krabbenbrot und immer so fort. Was für ein Genuss. Der Tag zieht in Wellen an uns vorbei. Ich fühle mich wohl. Beobachte auf jedem Meter, wie es mir geht. Es ist ja ein Test. Und ich bin die Testperson sowie beobachtendes Fachpersonal in einem. Ich selbst werde später auch die Auswertung des Tests vornehmen. Objektivität ist ein Muss. Wäre ja sonst alles im Eimer, mit dem Test und seinen Ergebnissen. Ob ich mich selbst besteche und mit mir mal um die Ecke gehe, um da ein, zwei Dinge zu klären? Ich werde sehen.

 ## Männersache?

„Da hast du echt Glück, 'ne Frau zu haben, die das mitmacht", klingt es Sten des Öfteren in den Ohren. Aus dem Mund von Männern kommt das. Ja klar. Geht auch gar nicht anders. Weil die Frauen, die darauf niemals Bock hätten, dem Gedanken niemals begegnen und die, die es wollen, machen es einfach. Auf ihre Art. Mit Mann, ohne Mann, mit Freundin oder allein.

Ich weiß genau, da gibt es eine Menge davon. Von denen, die Ähnliches tun. Nicht unbedingt mit fahrbarem Untersatz. Vielleicht eine Nummer feingliedriger. Doch Fakt ist: Ein Männerding allein ist das keineswegs. Dieses sich Aufmachen. Leinen lösen, um loszuziehen, um zu schauen, was es zu sehen gibt. Hätte ich ein solches Vorhaben allein in mein Auge gefasst? Ein ganz klares JA durchzuckt mein Gehirn. Anders wäre es. Halt mein weiblicher Weg, ohne ihn feminin nennen zu wollen. Schraubend allein unter dem Auto zu liegen wäre garantiert nicht mein Ding. Wohl eher die Bauch-Beine-Po-Variante mit Rucksack und so. Was meine Füße in der Lage sind zu tragen. Um mich selbst tragen zu können. Auch interessant. Nur gerade nicht dran. Unser Abenteuer ist das, es gemeinsam anzugehen. Spannend genug. Nicht ohne Spannung. Nehmen wir erst mal den Doppelsitzer, bevor ich mich irgendwann vielleicht in den Einer wage. Wer weiß. Noch gibt es nur den Plan für die Besetzung am Start. Wie es bei der Landung aussieht … Wer da wo sitzt und mit wem ist offen, offen, offen.

Männersache? Nee. Einzig die Wege und die Art des Gehens unterscheiden sich. Mädels, auf ins Getümmel. Mit Gegröle und Tamtam!

 ## Von Grenzgängern und Bienen

Finnland ist mir vertraut. Das ist für mich ein Boden, der nicht schwankt. Weite, Kargheit, breite Straßen, Einsamkeit. Genauso, wie ich es mag. Und eben trotzdem das gewisse Gefühl der Vertrautheit. Täuscht es mich oder täusche ich es? Weiß nicht. Auf alle Fälle fühle ich mich pudelwohl und will nicht weiter.

Zwischenfazit für meinen Testbericht: *Bis Finnland ist alles bestens.*

Doch Finnland ist maximal die Startrampe und nicht der Landepunkt. Ob mir das nun lieb ist oder nicht, stehen wir plötzlich vor der russischen Grenze. Der spärliche Verkehr wurde auf den letzten Kilometern kaum mehr wahrnehmbar. Warum auch, hier in Finnland ist es ja schön.

„Ede, jetzt gib dir einen Ruck und zicke nicht so rum", sage ich energisch zu mir selbst und schaue der auf High Heels schwebenden, langbeinigen, mit Feinstrumpfhosen bekleideten, korrekt im Kostüm steckenden Grenzbeamtin mit straff sitzendem Dutt und frechem Käppi obenauf tapfer ins Gesicht. Zu meiner Überraschung lächelt sie mich an und weist uns, den Finger ausstreckend, in die Schlange, an deren Ende wir uns stellen sollen. Um uns herum laufen Männer mit vielen Zetteln in den Händen. Wir haben keine, versuchen uns vielmehr erst einmal einen Überblick zu verschaffen, über das, was hier gespielt wird. Bis die Käppi-Dame mit wehenden Zetteln auf uns zugelaufen kommt und deutet, dass wir die alle auszufüllen hätten. Alles klar. Oder eben nicht.

Die Aufdrucke sind schwach zu sehen. Wohl die einhundertste Kopie von einer schlechten Vorlage. Doch das ist halb so wild. Schweißperlen kullern uns von der Stirn beim Anblick der massenhaft kyrillischen Buchstaben. Ohne einen Hauch von Ahnung, was hier abgefragt wird. Danke Russischunterricht in der DDR! Hast echt was gebracht …

Ein Mann scheint uns beobachtet zu haben und kommt lächelnd auf uns zu. Er sei Finne, sagt er, und kenne das Prozedere hier. Freizügig reicht er uns Papiere des optisch gleichen Eindrucks, jedoch mit englischem Aufdruck. Der Mann ist unser Retter. Seine Bögen sind sogar schon ausgefüllt. Also für uns nun ein Kinderspiel, es ihm gleichzutun. Wie zwei mit Tinte beschmierte, aber über beide

Ohren glückliche Schreibanfänger laufen wir zu Frau Käppi, um ihr stolz unser Werk zu präsentieren. Wie von einer strengen Lehrerin kaum anders zu erwarten, wirft sie maximal einen halben Blick auf die Blätter und zeigt wie beiläufig auf eine der vielen kleinen Hütten, die für unseren laienhaften Verstand keiner erkennbaren Logik folgen. Wir stellen uns an, lassen uns wegschicken, versuchen es an anderer Stelle erneut und sind froh, ab und an mal einen Grenzgänger zu treffen, der ein paar Brocken Englisch spricht. Unser Schulbrockenrussisch scheint der aktiven Verständigung nicht wirklich zu dienen.

Für den Testbericht: *Die Menschen wirken an der Grenze freundlicher auf mich, als ich gedacht hatte.* Und weiter: *Geduld hilft. Heute hier und sicher an den vielen Grenzen, die uns auf der großen Tour erwarten. Wer meint, irgendetwas ginge schnell, irrt und hat sich selbst den schwarzen Peter zugespielt. Zu uns beiden vermerke ich auf meinem imaginären Testbogen: Es klappt mit uns. Beide gehen wir gut gelaunt auf Leute zu, um Infos zu erhaschen, ins Gespräch zu kommen und so automatisch Hilfe angeboten zu bekommen. Wir sind beide alles andere als scheu. Ein Bienchen für jeden von uns.*

 ## Russland, wer bist du?

Es holpert und kracht. Die Straße, die von der Grenze wegführt, gleicht mehr einem Feldweg denn einer internationalen Transportverbindung zur Unterstreichung guter bilateraler Beziehungen. Rechts und links ist nichts zu sehen für mich. Gut, ich bin nun auch nicht so groß. Doch Sten geht es nicht wirklich anders. Alles voller dichtem, undurchdringlichen Bewuchs, andernorts auch Gestrüpp genannt. Ich spüre, wie es eng ist in meinem Hals. Das Atmen will nicht fließen und mein Magen scheint die Form einer geballten Faust angenommen zu haben, die sich definitiv nicht öffnen lässt.

Ich weiß, dass ich ganz schön ungerecht bin, mit meinem Rucksack an vorgefertigter Meinung hier vorzufahren. Doch, bitte, ja, ich kann nicht raus aus meiner Haut. Die windschiefen Blechhütten, die klapprigen Holzverschläge der Hühner, die sturmgebeutelten Strommasten, die scheppernden Autos um uns herum. Das alles gibt mir das Gefühl, mich auf einer Zeitreise zu befinden. Und nicht im Urlaub. Mein neues Sommerkleid und der bunte Bikini werden in den kommenden Wochen wohl eher Sommersendepause haben, als dass es ihre Stunden wären, die da schlagen würden. Ich weiß nicht, was Sten gerade denkt. Er redet nicht. Doch so ganz wohl scheint auch er sich nicht zu fühlen. Das entnehme ich seinem kurzen stimmlosen „Nein" bei jeder möglichen oder unmöglichen Stelle, die wir finden, um unsere erste Nacht in Russland zu verbringen. Was genau zu den „Neins" führt, scheint sich mehr in der Welt der Gefühle und des Unterbewussten abzuspielen, als in der klar auftrumpfenden Bewusstheit.

An einer Wegegabelung halten wir kurz vor Einbruch der Dunkelheit. Also mehr ein Müssen, denn ein Wollen. Wir sehen einfach nichts mehr. Ein kleines Feuer, wenige Worte, baldig die Entscheidung, doch jetzt schlafen zu gehen. In unserem Fahrzeug. Ein Hauch von Schutz und Sicherheit in dieser ersten Nacht in Russland. Mein Fazit: *Ganz schön viel Fremdheit, in der mir unbekannten Gegend. Daran werde ich mich gewöhnen müssen, wenn wir von Land zu Land ziehen wollen. Dort, wo die Scheinwerfer der Aufmerksamkeit wegen internationalen Desinteresses abgeschaltet sind. Tappen im Dunkeln, sozusagen. Landwege sind anders als die Flughafenzubringer. Das steht für mich ab heute mal fest.*

☦ Die Kuh, der Friedhofsgärtner

Neuer Tag, neues Glück. Sieht doch gleich viel freundlicher aus, unsere Weggabelung, die zwei Feldwege in verschiedene Richtungen schickt. Habe ich über Nacht neue Augen bekommen? Oder warum erscheint mir heute alles viel sympathischer? Obwohl es regnet, ist heute viel mehr Licht um mich herum. Wir entdecken da eine kleine Holzschindelkirche, dort einen eigenwillig verwunschenen Friedhof mit russisch-orthodoxen Kreuzen darauf, von deren Enden dicke Regentropfen ins hohe Gras platschen. Unterschlupf suchend, um unsere Leberwurst-Schnitten im Trocknen zu essen, setzen wir uns an den überdachten Eingang einer kleinen abgelegenen Kirche. Doch offensichtlich ist sie nicht so weitab vom Schuss, wie wir glauben, denn kaum den ersten Bissen getan, kommt ein junges Mädchen aus dem Dorf angelaufen und schließt uns die massive, reich mit Schnitzereien verzierte Tür auf. Drinnen spärliches Licht, welches feinfühlig über die an den Wänden hängenden Ikonen huscht. Staub liegt auf den vertrockneten Blumen, die einst Frische ausströmten. Heute sind sie längst konserviert vom Staub der ruhigen Tage. Tropfnass, in meiner Super-Wind-und-Wetter-Jacke, stehe ich im Inneren eines kleinen Heiligtums. Zum ersten Mal empfinde ich nun so etwas wie Wärme und Zuneigung dem Land gegenüber, in das wir uns aufgemacht haben. Zum Test.

Mir schwant, dass ich das für mich Besondere, mich tief Bewegende, eher an Orten finde, die nicht ausgetreten, vom Tourismus gekauft und mit einer Glätte überzogen sind, die zwar schön, doch nicht mehr ursprünglich sind. Zum ersten Mal seit langem steigen eine Freude und ein Vor-Freuen in mir auf, für das, was wir auf unseren Abwegen erleben und entdecken können, wenn wir uns darauf einlassen. Es ist, als drehe sich in mir eine Holzschraube um eine Vierteldrehung weiter. Als verschöbe sich das Maß meiner Dinge. Ich beginne, etwas selbst zu entdecken, so ganz für mich, im Stillen. Mit einem Mal wandelt sich mein Blick. Ich lächele der im Friedhofsgras aasenden Kuh zu, als verstünden wir uns plötzlich, ganz ohne Worte.

 ## Orthodoxe Träume

Ich liebe es, wenn Sten sein Zeichenbuch aus der Tasche zieht, die Feder reinigt, das Tintengläschen öffnet und einen konzentrierten, sein Umfeld ausschaltenden Blick auf seine eigenen Nase setzt. Da durchzieht ihn eine sichtbare Entspannung und er scheint angekommen in dem Moment. Zu Hause haben diese Augenblicke Seltenheitswert. Umso mehr liebe ich unser Unterwegssein dafür. Und wenn sich dann tatsächlich alles fügt und er sich ein Stück Zurückgezogenheit gönnt, um zu zeichnen, dann treten wir beide gemeinsam in einen wundervoll nahen Zustand ein.

Eine baufällige, doch offensichtlich noch nicht aufgegebene windschiefe orthodoxe Holzschindelkirche hat es Sten heute angetan. Auf einer freien großen Wiese oberhalb eines Dorfes steht sie. Mit grandioser Sicht über das ganze Tal. Die Wiese ist unser Platz für die kommende Nacht. Geschützt genug und trotzdem wunderbar geräumig. Sten zeichnet, ich lese. Doch weit komme ich nicht, denn zwei Motorradfahrer halten ihre Lenker auf uns zu. „Kennen den Ort hier also doch noch andere", flüstern wir beide. Die zwei Jungs sind Städter aus Petrosawodsk und auf Wochenendtour. In der Kirche wollen sie schlafen. Am überdachten Eingang. Den kennen sie schon von vorhergegangenen Touren, erzählen sie uns.

Einhundertfünfzig Kilometer liegt Petrosawodsk, die Hauptstadt Kareliens, entfernt. Eine geniale Distanz für ein verlängertes Wochenende mit Abenteuerfeeling. In russische Armeeklamotten sind die beiden gepackt. Wohl die praktischste Kleidung hier draußen.

Auf drei Arten fangen wir an, miteinander ins Gespräch zu kommen. Sten probiert seine Restbrocken an Russisch aus, die beiden ringen mit ihren verschütteten Englisch-Kenntnissen. Und was weder so noch so klappen will, sagen wir einfach mit Händen und Füßen. Wurst von der Babuschka, Marmelade von der Mama und einen Kanten Schwarzbrot zaubern die Jungs aus ihren Satteltaschen. Ich steuere mit Hilfe unseres kleinen Gas-Kochers gegarten Reis mit Frikassee bei und unser abendliches Festmahl kann beginnen.

Die Kirche am Morgen, das Mädchen mit dem Schlüssel, nun die beiden erschienen wie aus dem Nichts… Ereignisse, aufgefädelt wie auf einer Perlenschnur, einem Traum gleich. Es fließt, merke ich und genieße die wunderbaren Zufälle, die vielleicht Fügungen sind, weil wir sie hereinbitten, in unseren Tag.

Lektion für meinen Testbericht: *Lass dich ein, Ede. Und das Herrlichste geschieht dir.*

 **Die fixe Idee**

Irgendetwas musste es doch geben über Karelien, dachte ich vor Beginn unserer Reise. Einen Reiseführer oder Berichte von anderen Reisenden nach Russland. Ich wollte mich einstimmen auf unsere Tour in den Norden. Die Literatur schien das anders zu sehen. Sie sagte mir offensichtlich: *Lass dich überraschen.* Doch ein Buch, das fand ich. „Das Haus am Onegasee" hieß es. Das Titelbild, ein stattliches Holzhaus, eingebettet in hohes Gras. Ein klappriges Holzboot daneben. Die Komposition sollte wohl die Nähe zum Wasser verdeutlichen. Einfach ein Bild mit, was weiß ich für einem Haus darauf. Einfach ein Titel, der meint, es handele sich um ein Haus am See. Und was machten wir beide daraus? Unser Projekt! Wie jetzt? Was für ein Projekt? Wir hatten uns mit einem Mal in den Kopf gesetzt, dieses Haus zu finden. Woher die fixe Idee kam, weiß ich nicht. Sie war plötzlich da und wollte aus unseren Köpfen nicht mehr weichen.

Mariusz Wilk ist der Verfasser des Buches. Offensichtlich hat er einmal in Karelien gelebt. In seinem Buch beschreibt er sein Leben im hohen Norden. Er berichtet davon, wie er es anstellte, sich ein Haus am See auszubauen, es mit Strom und Wasser zu versorgen. Wie er lebt am See und mit den Menschen drum herum. Pole ist er, der zu Zeiten von Glasnost und Perestroika in die damalige UdSSR kam, um als Journalist zu arbeiten. Die Zeiten haben sich gewandelt. Er scheint offenbar geblieben. Oder ist inzwischen auch gegangen. Das konnte ich dem Buch nicht wirklich entnehmen. Auf alle Fälle beschreibt er das Leben in Karelien sehr genau, gibt den Menschen in seiner Umgebung Einzigartigkeit und lässt den einen und anderen Hinweis in seinen Texten darüber fallen, wo sich, wenn es das denn geben sollte, das Haus steht.

Den See zu umrunden wird unser Plan. Nicht ausgesprochen merken wir nach ein paar Tagen, dass wir uns immer in Ufernähe befinden und uns daran entlang zu hangeln scheinen. Wie ein Meer liegt das weite Wasser vor uns. Das andere Ufer ist nicht zu sehen. Schwemmland um den See herum lässt uns große Haken schlagen und Bögen nehmen. Doch von Tag zu Tag lieben wir das einsame Unterwegssein in fast menschenleerem Gelände mehr und intensiver. Zehn Tage machen wir das nun schon so. Fahren, machen Halt, schauen uns um, bleiben oder ziehen weiter, wenn es uns geeigneter erscheint.

Eine große freie Wiesenfläche lässt uns stoppen. Sie sieht aus wie ein Sommertraum in Gelbgrün. Sanft biegt sich das meterhohe Gras im Wind. Die Sonne steht sommerlich warm im fotogenen Gegenlicht. Ich weiß nicht, was Vorsehung ist. Und ich kann nicht sagen, warum wir beide genau hier anhalten wollten. Doch ob Traum oder Wirklichkeit stehen wir mit einem Mal vor einer Hausrückseite, die mich in ihrer Kontur an das Haus auf dem Buchtitel erinnert. Ich traue mich nicht näher heran, da ein Mann Beeren pflückend den Weg durch seine Anwesenheit versperrt. Doch ich bin mutig und gehe auf ihn zu. Mit Englisch versuche ich es. Wohl wissend, dass ein alter Mann hier mitten im Nirgendwo meine englischen Worte wohl kaum verstehen würde. Doch er antwortet auf meine Frage, ob ich mir das Haus ansehen dürfe, mit *Yes*. Verwirrt schaue ich ihn genauer an und traue mich weiterzugehen, obwohl ich selbst nicht verstehe, warum ich das tue. Ob er Pole ist, frage ich. Ohne zu wissen, woher diese Frage gerade in mir kommt. Auch darauf antwortet er mit *yes*. Nun platzt es aus mir heraus: „Are you Mariusz Wilk?"

Er stutzt und richtet sich auf. Ich habe keine Ahnung, was gerade geschieht und ich weiß nicht, wie es möglich ist, auf einer Fläche von knapp zehntausend Quadratkilometern dem Mann zu begegnen, bei dem es sich um nichts weiter als eine fixe Idee handelte, einen Spaß, ihn finden zu wollen. Wir haben nichts gezielt unternommen und stehen nun offensichtlich vor genau diesem Mann. Ich renne zum Auto und hole sein Buch. Mit ihm in der Hand laufe ich an die Vorderseite des Hauses und erkenne es sofort wieder. Ein Gerüst hält es gerade. Doch ansonsten alles da – das Haus, das Boot, das hohe Gras. Und wir meinten, alles sei für die Titelseite in einem Grafikprogramm zusammenmontiert worden.

Mariusz bittet uns ins Haus. Es ist mir auf eine merkwürdige Weise vertraut. Da er es, zum Beispiel den Bau seines Kamins, sehr detailliert im Buch beschreibt. Bei einem gemeinsamen Glas Tee bin ich mir nicht sicher, was gerade vor sich geht. Sind wir augenblicklich in dem Buch? Ist das Buch in uns? Werden wir auf seltsame Weise Teil der Handlung?

Ich bin verwirrt und entzückt zugleich. Mehr noch, als Mariusz beginnt, von den Leuten, die er im Buch beschreibt, zu erzählen. Sie werden eigenwillig real und waren noch vor wenigen Stunden für uns vollkommene Illusion. Alles scheint in mir zu wanken, als Mariusz mich bittet, ihn auf einem Stein vor seinem Haus mit Blick auf den See zu fotografieren. Unter diesem Stein, auf dem er gerade sitzt, möchte er eines Tages begraben werden, erzählt er uns und lächelt dabei.

Viel innere Bewegung schreibe ich heute in meinen Testbogen. Die Lebensläufe sind so vielfältig. Mitunter stoßen wir an den Kanten miteinander zusammen. Und Großartiges geschieht dabei.

 ## Victor und Klava

Mariusz ist lebendig. Wir sitzen, eingehüllt in den Dampf des heißen Tees, in einer Ecke seines Hauses. Ein stilles Haus, doch voller Leben. Jeder Winkel – eine eigene Geschichte. Und die Schönste kommt gerade zur Tür herein gehopst. Mariusz ist Vater geworden. Diese Geschichte hat das Leben ganz allein geschrieben. Es brauchte kein Buch dazu. Seine Tochter setzt sich zu uns, um zu lauschen. Sie hört ihrem Vater aufmerksam zu, wie er da in einer für sie fremden Sprache spricht. Er redet von Victor und Klava. Einem Paar, sie leben viele Kilometer von hier, abgelegen in einem verlassenen Weiher. Wir kennen die beiden und Bruchstücke ihres Lebens aus seinem Buch. Zu bizarr. Drei Ebenen in einer. Wir lasen über die beiden, hören nun aus dem Mund des Schreibers

Neuigkeiten, die das Bild mit weiteren Versatzstücken füllen und sind dabei, uns auf den Weg zu machen, um sie zu treffen. Was ist Fiktion, was Realität und was ist das zarte Band zwischen beidem?

Bei Sonnenuntergang laufe ich in die kleine Kapelle am Hang. Mariusz hat sie wieder aufgebaut. Auch dort mir scheinbar alte Bekannte. Das vier Meter hohe Holzkreuz schleppte er bei Schnee und eisigen Temperaturen allein hierher. Zu plastisch erschien mir die Geschichte beim Lesen, als dass sie mir jetzt nicht sofort einfallen könnte. Nun, da ich selbst vor dem Kreuz stehe und mich kleinmache, vor so viel Erhabenheit. Der Ort kann nichts anderes, als dieses Gefühl in mir hervorzurufen. Er ist zu stark, als dass Milde sein Charakter wäre. Eine verfallene Hütte gleich nebenan. Verlassen vor zwei Wintern. Die es bewohnt hatten, sahen keinen anderen Weg mehr, als den des Alkohols, der ihnen das Leben nahm. Oder sie befreite, um sie anderswo hinzubringen.

Ein Sommertag, ich könnte meinen, es gäbe keinen romantischeren Ort. Im Gold des schwindenden Lichtes betrachtet. Die Härte des Alltags ist hier ein Zähne ausbrechendes Salz in seiner eigenen Suppe. Anderer Platz, ähnliches Bild. Einen Tag lang sind wir gefahren, ohne zu wissen wohin. Der russischen Seele auf der Spur? Oder unserer eigenen? Durch dichten Wald, Gestrüpp, tiefe Wasserlöcher, auch Weg genannt. Kaum mehr daran geglaubt taucht im roten Licht des endenden Tages der Weiler auf. *Idylle pur*, möchte ich schreien. So sehr fällt die Anspannung von mir ab, vor der Nacht angekommen zu sein. Doch wo bitte sind wir? Drei windschiefe Holzhütten verteilt, als hätten Kinder damit gespielt und die Lust daran verloren. Umgefallen, weggeschubst, im Gras vergessen. Hinter einem Gartenzaun ein wenig Bewegung. Eine Frau. Zugänglich wirkt sie nicht. Doch viel mehr an Chancen gibt es gerade nicht. Also, Sten, versuch mal dein Glück. Vielleicht ist es Klava. Die Frau aus dem Buch.

Freudentaumel ist anders und Ablehnung auch. Irgendetwas dazwischen schwappt über den Zaun. *Muss ja nicht jede Begegnung eine der Herzlichsten sein*, denke ich bei mir. Wie ginge es mir, lebte ich hier am Ende der Welt und zwei Fremde kämen vorbei? Vorsicht wäre wohl mein vorherrschendes Empfinden. Wir dürften hier stehenbleiben, um die Nacht zu verbringen, ist die Nachricht, die Sten zum Auto mitbringt. Alles gut. Mehr brauchen wir nicht. Denke ich, während ich beginne, unser Abendessen zu kochen. Draußen lautes Getöse und Geschrei. Eine tiefe Männerstimme tönt über den Weiler. Freundlich klingt das nicht und sieht es auch nicht aus. Wie er da, seinen langen Stock durch die Gegend fuchtelnd, auf uns zugehumpelt kommt. Unverkennbar, das ist Victor. Der, der sein Leben lang im Schacht gearbeitet hat. Im Gefängnis saß, weil der Alkohol zu locker seine Kehle hinunter rann. Und ihm dummerweise sein Schwiegersohn in die Quere kam. Der lebt nun nicht mehr. Zu urteilen gibt es hier nichts für mich. Ich bin Zaungast eines mir so fremden Lebens. Dankbar, dass sie mir Einblick gewähren.

Wir finden uns Augenblicke später wieder im vollkommen dunklen Haus der beiden. Draußen ist noch Tag, doch hier drinnen scheint auf ewig die Nacht zu regieren. Die Winter sind hart und lang. Und sowieso schwarz wie die Raben. Wärme ist es, um die es dann geht. Victors Stimme füllt den von Wodkageruch getränkten Raum. Mir ist unheimlich zu Mute. Obwohl mich im selben Moment eine übergroße Achtung befällt. Wie schaffen die beiden es, frage ich mich, einen langen dunklen Winter hier drinnen auszuharren? Ohne elektrisches Licht, ohne Kerzen. Einzig das batteriebetriebene Radio schenkt ihnen die Illusion, dass sie nicht vollkommen allein sind, in dieser weiten Welt. Apokalypsen-Szenarien bevölkern meinen Kopf. Alle vier Stunden müssen sie raus, um das Eisloch im See vor ihrer Tür freizuhacken. Verpassen sie die Zeit, wird es schwer, durch die Eisdecke zu stoßen, erzählt uns Klava, als sie schnaubend vom Melken ihrer einzigen Kuh hereinschlurft. Der See ist ihr Lebenselixier. Ohne das saubere Wasser und die Fische darin wäre ein Leben hier draußen einfach nicht möglich.

Nur mit den Fingern tastend gießt Klava die Milch in einen Krug, verbrüht sich am heißen Samowar die Hände, stellt Becher auf den Tisch, zaubert Pralinen aus einer Ecke, sucht nach Zucker. Geschäftigkeit in schwarzdunkler Nacht. Besuch zu haben sind die beiden nicht gewohnt, wie die fahrigen Handgriffe vermuten lassen. Was wir sehen, sehen wir durch die schwache Leuchte unserer Videokamera. Mehr Licht gibt es nicht. Die beiden freuen sich über die plötzliche fade Helligkeit und willigen wortlos ein, gefilmt zu werden. Ob Victor beim Leeren der zweiten Wodkaflasche davon überhaupt noch etwas mitbekommt, bin ich nicht sicher. Von Minute zu Minute wird mir schwindeliger. Mich beschleicht das Gefühl, hier nun für immer leben zu müssen. Als gäbe es kein Vor und Zurück mehr für mich. Endstation. Abstellgleis. Die Tür fällt ins Schloss und Schluss. Was ich erlebe, hat eine derart intensive Realität für mich. Vollgestopft mit Machtlosigkeit, Endzeitstimmung und vollkommener Sinnlosigkeit.

Ich kann Victor das Öffnen der inzwischen dritten Flasche Wodka nicht mal verübeln. Ich habe keine blasse Ahnung, wie man sich hier draußen am Leben halten kann. Wofür?, wäre meine große Frage. Ich ziehe den Hut vor dem Leben der beiden. Im Stockdunkeln sitzen sie hier in den langen Wintermonaten. Ablenkung sind der Fernsehton aus dem alten klapprigen Radio, das Eishacken und Wasserschöpfen, die Kuh melken und Essen kochen. In diesem Rhythmus vergehen der Tag, die Woche, der Monat. Dann, wenn hier draußen so viel Schnee liegt, dass ein Kommen und Gehen nicht möglich ist. Wir verbringen die halbe Nacht zu viert. Und ich rutsche gefühlt tiefer und tiefer in das Leben der beiden hinein. Als sei es meins, spüre ich die Last auf meinen Schultern. Wird meine Brust eng und mein Atem kurz.

Als wir spät die kleine Hütte verlassen, habe ich Klava noch immer vor meinen Augen. Wieder sehe ich sie im Licht der Videokamera die frisch gemolkene Milch durch ein Tuch gießen, um den Schmutz der Kanne aufzufangen. Nach Tee und Zucker fingernd, die Pralinen herzaubern. Sie redet bei all dem unaufhörlich. Wir verstehen ihre Worte nicht und begreifen trotzdem, was sie sagt. Ich weiß genau, dass es nicht die kalte Luft der Nacht ist, die mir die Tränen in die Augen treibt. Es ist meine Betroffenheit über das, was ich in den Stunden mit Victor und Klava erlebt habe. Meinem Testbogen füge ich eine tiefe Verbeugung hinzu. Mit Ehrfurcht gezeichnet. Und voller Respekt.

 ## Mein russisches Gefühl

Drei Wochen lang haben wir uns nun im Kreis gedreht, den Onegasee zu umrunden. Schwindelig ist mir dabei geworden. Mitunter. Doch nicht von der Drehbewegung. Eher führte mein Erleben dazu. Fast mit Widerwillen und weit von mir gespreizten Beinen, wie ein junges störrisches Reh, habe ich die Reise angetreten. An einem unserer letzten Tage angekommen, sitze ich nun im hohen wogenden Gras. Warm und weich ist es. Gedacht schreibe ich mit den langen dünnen Halmen meinen Abschlussbericht. Das, was ich erlebt habe, übertrifft, was meine Gedanken zuvor hätten erdenken können. Ich begreife, warum uns unsere lange Reise in Länder und Gegenden führen sollte, die nicht von der Tourismusbranche erobert wurden. Wir wollen dahin, wo das reine Leben seine tagtägliche Aufführung gibt. Wo die Statisten ungeübt durchs Bild huschen, ein Eimer Wasser laut scheppernd umfällt, eine Kuh mitten auf die Bühne kackt. Ich bin mir darüber im Klaren, dass auch wir eine Störung in dem natürlichen Gefüge sein werden. Rein durch unser Erscheinen. Und doch müssen wir es angehen, wenn wir mit eigenen Augen sehen, mit unseren Ohren

hören, schmecken, riechen, spüren wollen, was es heißt, hier draußen, weitab aller Urbanität zu leben.

Erneut steigt Vorfreude in mir auf. Nicht die laute euphorische.
Doch ganz ehrlich ist sie. In dicken großen Lettern setze ich ein
Ja unter meinen Testbericht. Ja, ich will diese Art des Reisens.
Quer durch mir fremde Unbekanntheit. Solange noch ein Hauch
ihrer jahrhundertelang gelebten Ursprünglichkeit in ihr schlägt.
Und ja, Russland, ich habe dir Unrecht getan. Du bist großartig.
Ich beginne, dich zu lieben.

 ## Art oder artig

Ein Jahr lang unterwegs sein. Das sind dreihundertfünfundsechzig Tage und Nächte. Das sind gut sechsunddreißig Mal alle zehn
Finger gehoben.

Wir wollen unabhängig sein. Ziehen es vor, an Orte zu gelangen, die von Einheimischen belebt werden oder an denen wir ganz
allein sind. Wir lieben es, uns in den Kneipen der Leute herumzudrücken. Wollen ihre Wesensart kennenlernen. Hautnah. Nicht
mit Sicherheitsabstand. Mitleben, beweglich sein, unabhängig
und trotzdem einen minimalen Ort haben, den wir den unsrigen
nennen. An jedem Tag ein Zimmer suchen passt nicht in unser
Bild. Ganz auf ein Zelt angewiesen zu sein, ist im Sommer nett.
Doch auf ein ganzes Jahr gesehen, bin ich ehrlich, und wünsche
mir eine Spur mehr Komfort. So eine Art des „Nach-Hause-
Kommens". Das wäre toll. Wohnen auf unseren eigenen Rädern.
Halt machen, wo es uns gerade gefällt. Bleiben, solange wir wollen.
Weiterfahren, wenn der Wind danach weht.

Die Länder auf dem Landweg erkunden ist unser Ding. Mit anderen an Grenzen zu stehen, die keinen Tourismusverkehr kennen. Hautnah spüren, wie sich das Wetter anfühlt, wenn es *Richtig* regnet, *Richtig* stürmt, *Richtig* heiß ist. Uns ist bewusst, dass wir gerade Wünsche aussprechen, die wir im Realen, dann, wenn sie geschehen, verfluchen werden. Und doch gibt es diese kleinen Teufelchen in uns, die rumzappeln und sagen: „Macht es, macht es!"

Also ein eigenes Fahrzeug. Allradbetrieben, damit wir nicht (so oft) stecken bleiben. Mit Platz zum Leben. Kochen. Schlafen. Zurückziehen. Zusammenhocken. Bei Wind und jedem Wetter. Innen ist außen und andersherum. Ich sprudele vor Freude bei dem Gedanken, dreihundertfünfundsechzig Tage lang im Freien zu sein. Meine Lungen verwandeln sich gerade in ein Dauergrinsen. Da rutscht der Fakt, an jedem Tag aufs Neue einen Ort ausfindig zu machen, der uns passend erscheint, um die Nacht zu verbringen, gerade gewaltig in den Hintergrund. Das schnuppert nach Abenteuer. Ich liebe es. Und genieße diesen herrlich klaren Moment.

 Hallo, hallo

Wir beide lieben es zu kommunizieren. Andere Menschen sind ein Teil unseres Lebenselixiers. Uns ist es weniger wichtig, jeden bedeutsamen historischen Stein auf unseren Wegen zu sehen, als den Leuten zu begegnen, die dort gerade leben. Ein Zusammenkommen dieser Art sind uns schon immer Momente ganz großartiger Energie. Ob bei den Himbas im Norden Namibias, den Bergvölkern Mexikos oder den Seebewohnern rund um den russischen Onegasee. Mir ist klar, dass wir nicht alle Sprachen sprechen werden, auf die wir unterwegs treffen. Da ist es gut, uns selbst dabeizuhaben. Körpersprache klappt meist und reicht schon mal ein Weilchen. Offenheit und Freundlichkeit auch. Sie sind uns schon oft Brücken in komischen Situationen gewesen. Um auf alle Eventualitäten vorbereitet zu sein, habe ich ein kleines Büchlein mit Erklär-Icons besorgt. Ob es funktionieren wird, weiß ich nicht. Vielleicht ist es hilfreich. Wir werden es ausprobieren. Doch alles Zeigen in Büchern und Erklären in großen Gesten kann nur Ausweg in verzwickten Situationen sein. Wir wollen sprechen und zuhören und verstehen. Wir wollen uns mit den Einheimischen unterhalten, um mehr zu erfahren, als das, was wir sehen können.

Sten spricht ein lustiges Russisch. In der Schule hat er ein wenig davon gelernt. Ich auch, doch habe ich das Meiste vergessen. Ich mochte die Sprache in meiner Kindheit nicht, hatte keine Beziehung zu ihr. Da war ich irgendwie störrisch und habe wenig gelernt. Schade. Heute könnte ich es gut gebrauchen, Russisch sprechen zu können. Na, wenigstens kann ich die Buchstaben lesen und übe mich darin, die verschütteten Wortbrocken irgendwo in meinem Kopf auszugraben. Doch mein ganz großes Ding ist Englisch. Das habe ich in der Schule gar nicht gelernt. Es gab einfach keinen Lehrer. Und das ist ein regelrechter Schmerz, der mich seit vielen Jahren quält. Ich habe es mit Selbstlernkursen, Volkshochschule, Unterricht in der eigenen Firma, Stunden mit Freunden und was weiß ich noch auf welche Art versucht. Alle waren immer weiter als ich. Was nicht so schwer ist, wenn man selbst bei Level null steht. Ich wurde mehr und mehr frustriert und war über mich selbst am aller meisten enttäuscht.

Ein guter Freund erzählte mir im Dezember 2010, kurz vor Weihnachten, dass er in seiner Firma im neuen Jahr mit Englischstunden beginnen möchte. Ob ich nicht Lust hätte mitzumachen. Ich war in Weihnachts-Überraschungsstimmung und sagte spontan zu. Euphorisch zu Anfang, ging ich dann Woche für Woche einmal am frühen Morgen zu meinem „Demütigungstreffen". Bis ich es satt hatte und beschloss, dass das heute für mich die letzte Stunde sein würde. Es funktionierte einfach nicht, nach zwei Stunden gespickt mit Misserfolgen (da auch in diesem Kurs alle um Längen weiter waren, so dass ich nur die Rücklichter sah) sofort umzuschalten und in meinem Job souverän und klar zu sein. Der Spagat erschien mir einfach auf die Dauer zu stark aufs Gemüt zu schlagen.

Warum es kam, wie es kam, weiß ich nicht. Doch Erik, der Leiter unserer Gruppe, meinte just an dem Tag, als ich meinen Ausstieg kleinlaut bekannt geben wollte, dass es doch gut wäre, ich nähme einmal ein paar Einzelstunden. Wegen dem Anschluss und so. Ich griff den Strohhalm auf und wir verabredeten uns. Das war im Frühjahr 2011. Vor zwei Jahren genau. Seit diesem Tag nehme ich Einzelstunden. Und, was soll ich sagen? Nach jahrelangen vergeblichen Versuchen scheint es nun endlich zu klappen. Ich lerne Englisch. Ich spreche Englisch. Zu den wöchentlichen Live- oder Skype-Sessions kamen kurze Zeit später auch Yogastunden in englischer Sprache für mich dazu. So dass mich die Sprache nun mehr und mehr umgibt. Ich bin sowas von überglücklich. Ich spüre, dass es vorwärts geht. Ich weiß, dass ich auf meiner Reise reden werde, sogar mit Spaß. Herrlich! Und zwei Jahre Zeit habe ich auch noch bis zu unserer geplanten Abreise. Erik ist inzwischen ein sehr guter Freund für mich. Eine glückliche Fügung also in jeder Hinsicht.

 ## Mein kleiner gelber Koffer

Platz da! Mein „russisches Gefühl" braucht 'ne ganze Ecke für sich. Daneben lege ich das Gefühl der näher rückenden Realität. Die Testfahrten und unser zunehmendes Zusammenspiel sind wie das Gestänge in meinem Koffer. Sie geben der ganzen Unternehmung starken Halt.

 ## Hui jui jui

Unsere Idee, irgendwann in unserem Leben einmal entlang der Seidenstraße zu reisen, entstand vor vielen, vielen Jahren. Wir lieben die Wüsten der Erde, ihre Weite, das Licht, reflektiert vom Boden, die Formen und Linien, die Hitze und Kälte. Wir sind fasziniert von der Ruhe, welche die Wüste ausstrahlt, ihrer Unwirtlichkeit, ja mitunter Lebensfeindlichkeit. In der Wüste wird einem die Endlichkeit in jeder Hinsicht unvermittelt klar. Die Dimensionen verschieben sich. Wir als Menschen sind spätestens dort nicht mehr „die Größten". Wir werden zu einem einzigen Sandkorn in der unendlichen Weite.

Gebiete der Seidenstraße mussten unbedingt Teil unserer Reise werden. Das spürten wir.

Wir lieben es, Dinge zu entdecken, die nicht gleich auf den ersten Blick sichtbar sind. Wir mögen es, individuell unterwegs zu sein. Und ja, wir sind an Veränderung interessiert. Ohne zu wissen, was es dann ist, was sich verändern wird. „Veränderung geschieht außerhalb der Komfortzone." Ein Satz, der sich leicht so dahinsagt. Man nickt dann und ist davon überzeugt, dass es so ist. Was es tatsächlich bedeutet, dieses Verlassen der Komfortzone auch zu leben, zu durchleben und sich selbst dabei zu erleben, wird eine Herausforderung für uns sein. Damit unseren Umgang zu finden, ist Bestandteil unseres Weges.

Hui jui jui. Ich spüre es im Bauch. Ich merke es im Kopf. Ich sehe es mir geradezu an. Es wird ernst. Vorbei scheint die Zeit des fröhlichen Dahinschwelgens, des sich Hineinträumens in eine weit entfernte Illusion. Dieses Wegdriften, wenn der Alltag mir zu haarig wurde. Das Blatt wendet sich. Ganz plötzlich und unumkehrbar.

Mit einem Mal ist der Traum von einst das, was mir den Magen verkrampft, was mich in Hektik versetzt und mir einen Schauer über den Rücken jagt. Und den nicht aus reiner Freude.

„Aus Spaß wurde Ernst. Und der lernt jetzt laufen", weiß ein blöder Spruch zu sagen. Ernst ist bei uns auch eingezogen. Doch er stolpert mehr, statt zu laufen oder gar dahinzugleiten.

Hilft alles nichts. Wir wollten die Reise. Ich wollte die Reise. „Also los dann. Mach dir nicht so viele Gedanken", rede ich beruhigend und auffordern auf mich ein.

Ist es mein Job, das mit der Angst? Bin ich einfach das Yang zum Yin? Wäre ich anders, wenn Sten mehr zögerte? Würde ich dann auftrumpfen und ihm erklären, was alles geht, von dem er nichts ahnt? Mich beschleicht der Verdacht, dass uns die Rollenbücher zugeteilt sind, ohne dass ich wirklich gefragt wurde, ob ich die Rolle der Angst überhaupt spielen will. Eigentlich 'ne blöde Rolle. Die hat immer so den Anschein der Wimmerecke. Zaghaft, im rosa Kleid an der Wand stehend. In den Händen ein Taschentuch zerknautschend. Von einem Bein auf das andere tretend. Na ja, ich weiß schon. Die Dinge kommen einfach zu uns. So oft und immer wieder, bis wir sie bearbeitet haben. Wusste gar nicht, dass mein Angstpaket so schwer wiegt. Muss geradezu Krafttraining machen, um die Last überhaupt heben zu können.

Das Textbuch ist echt dick. Die eingeblendeten Emotionen, die zu den Textpassagen gehören, gewaltig

So viele Unterthemen quellen unter meiner imaginären Decke hervor. Ich habe das Gefühl, halb wahnsinnig zu werden. Mein Vorhaben scheint echt so ein Schlüsselerleben zu sein, welches mir komplett den Boden unter meinen Füßen wegreißt. Kein Halt, nirgends. Ich befinde mich im freien Fall. Es gibt keinen Boden, der mich auffangen könnte. Und wenn, dann ist er bockhart und pechschwarz. Ich sehe nichts, nichts, nichts. War da noch nie. Wollte dort auch nicht hin. Warum bitte, Leben, konfrontierst du mich damit? Was ist der Sinn dahinter? Falls es denn einen gibt.

Ich brauche Hilfe. Allein macht das Ganze für mich keinen Sinn. Sten versteht mich schon lange nicht mehr. Keine Ahnung, was er momentan denkt. Glaubt er noch, dass ich mitfahren werde? Oder hat er Zweifel und äußert sie nicht? Darüber reden scheint unmöglich. Zurzeit. Ich weiß ja selbst nicht, was ich will. Ob ich noch will. Und überhaupt. Ich will mich anlehnen, hätte so gern, wenn jemand käme und einfach sagt: „Setz dich, mach es dir bequem. Ich habe uns was Leckeres gekocht." Doch wie das immer so ist mit dem, was man sich so sehr wünscht. Das hört dann gerade niemand. Erwartet wohl auch keiner von mir. Hab doch sonst meist einen Plan, eine Idee. Aber jetzt eben mal nicht. Jetzt bin ich es, die Unterstützung braucht. Ich suche mir die jetzt. Egal, was Sten darüber denkt.

 ## Generalprobe

Finden der passenden Rollenbesetzung, Sprechprobe mit Textbuch, Kostümanprobe, Lichtinszenierung, Sprechen mit verteilten Rollen auf sämtlichen Bühnen, hinter und vor den Vorhängen, das alles ist schon Geschichte. Unsere Mitarbeiter wissen längst, dass für uns die Uhr tickt. Die, nach der es heißt, in ein paar Monaten von Bord zu gehen. Anfangs war es eine neue Nachricht für alle, die sicher vielfältig besprochen wurde. Später wurde der Gedanke zur alltäglichen Gewohnheit. Alle wussten, was wir vorhatten. Ob sie wirklich daran glaubten, dass wir eines frischen Morgens einfach nicht in der Bürotür stehen würden, vermag ich nicht zu sagen. Wer tut schon, wovon er seit so langer Zeit spricht. Oft kommt

etwas dazwischen. Meist ist es das Leben selbst. Ich habe abge-
geben, umverteilt, neu besetzt. Lebe inzwischen meinen Job als
Coach. Bin erfüllt von dem, was ich tue. Freue mich zu sehen,
wie die anderen zugreifen, Verantwortung übernehmen, Identität
entwickeln. Meine Aufgaben der Vergangenheit ruhen nun auf
jüngeren Schultern. Ich vertraue ihnen, schenke Zuversicht, habe
ein offenes Ohr für die Schieflagen im Täglichen, freue mich am
Gedeihen der erdachten Zukunft. Loslassen, zugreifen, hinsehen,
weggehen, mitreden, zuhören. Alles ist in mir. Welch ein Gewirr.
Gehalten wird das Geflecht von all denen, die da sind, wenn wir
gehen. Was wäre ich ohne sie? Was wären wir ohne sie? *General-
probe mit Publikum* scheint über jedem einzelnen Tag zu stehen.
Schon lange könnte man Eintrittsgelder erbitten. Denn jeder weiß
um seinen Platz, kennt seine Rolle, weiß, was gespielt wird und was
auf dem Spiel steht.

 ## Wüstenblume

Schweißtriefend werde ich nachts wach. Ich schrecke auf, ohne
zu wissen, was los ist. Wieder eine dieser Angstattacken. Öfter und
intensiver suchen sie mich in diesen Nächten heim. Da helfen keine
Meditation vor dem Einschlafen, kein warmes Bad und kein Beru-
higungstee. Die Nacht hat ihre eigenen Gesetze. Mein Herz höre
ich schlagen, als sei ein Presslufthammer in mir am Werk. Ich bin
eulenwach und hundemüde im selben Moment. Was war es nur,
was mich so hochschrecken ließ?
Eine Ahnung, die auf einem Erlebnis fußt. Einige Jahre liegt
sie zurück. In der Wüste Tunesiens spielte es sich ab. Ich sehe es

vor mir, als sei es in diesem Moment passiert. Wir sind mit unseren Freunden Robi und Kati in der Sahara. Zu Hause losgefahren finden wir uns nach Tagen, die uns von Genua in Italien mit dem Schiff bis nach Tunis führten und weiter ganz in den Süden Tunesiens, im Wüsten-Sperrgebiet des Landes wieder. Mit einem Permit dürfen wir es befahren und so landen wir inmitten der raumgreifenden Sanddünen des mittleren Wüstengürtels der Welt. Robi fährt seinen Nissan, Sten unseren Jeep. Kati fotografiert meist von vorn, ich filme oft von hinten. Wie die beiden Fahrzeuge sich mal langsam, mal mit Schwung von Düne zu Düne bewegen. Es sind die kleinen, weichen Sandhügel, die es in sich haben. Früh am Morgen noch ein wenig härter von der Kälte der Nacht wird der Sand am Tag brütend heiß und butterweich. Den Luftdruck der Reifen haben wir auf das absolute Minimum abgelassen. Bei jeder kleinen Lenkbewegung riskieren wir nun, dass einer unserer Reifen von der Felge hüpft. Doch ein Übel müssen wir schlucken, festfahren oder vielleicht Glück haben mit dem Gummi. Ich steige also wieder einmal aus, an einer Stelle, die gute Filmaufnahmen verspricht. Die Sonne steht in ihrem Nachmittagstief. Der Wind weht und lässt den Sand durch die Lüfte wirbeln. Im Gegenlicht eine tolle Aufnahme, wie der Sand wegspritzt und Sekunden später die Spuren vom Wind auch schon wieder verweht sind. Erst sind die beiden Fahrzeuge nah, dann entfernen sie sich. Mir ist klar, dass ich filme, bis sie am Horizont verschwunden sind. Erst dann ist die Szene im Kasten und abgedreht. So halte ich es immer. So tue ich es auch jetzt. Vollkommen konzentriert auf das Filmen und den Blick durch den Sucher bemerke ich erst nach dem Absetzen der Kamera, dass ich nicht weiß, wie weit die anderen weg sind. Geschweige denn, hinter welchen Dünen sie sich tatsächlich befinden. Plötzlich sieht alles gleich aus um mich herum. Geräusche kann ich nicht vernehmen. Außer dem Wind scheint niemand bei mir zu sein. Die eben noch herrlichen Filmmotive der schnell verwehenden Fahrspuren lassen mich augenblicklich erstarren.

Ich weiß nicht mehr wohin und gerate von einem Augenblick auf den nächsten in Panik. Mein Mund wird trocken, ich bekomme einen Tunnelblick. Mein Herz schlägt bis zum Hals und ich beginne zu rennen. Hoffe, mich der Richtung zu entsinnen, in die ich soeben noch gefilmt hatte. Sicher bin ich mir allerdings nicht. Ich bitte einfach, dass mein Kopf jetzt nicht vollkommen spinnt.

Kleine Dünen, so weit mein Auge reicht. Ich sehe mich allein, der nahenden Dunkelheit und Kälte der Wüstennacht ausgesetzt. Bis minus acht Grad haben wir in diesen Tagen nachts. Wut steigt auf in mir. Wie die anderen so gedankenverloren fahren konnten. Mir ist klar, dass der weiche Sand sie einfach vorangetrieben hat. Lieber nicht halten. Das ist immer ein Risiko, dann festzustecken, spätestens beim erneuten Anfahren. Ich kenne die Beweggründe. Ich weiß um die Themen. Doch das ist mir gerade völlig egal. Ich bin stinksauer und habe eine Scheißangst. Ich renne, so schnell es geht, durch den weichen Sand. Wie zäher Teig hält er jeden meiner Schritte zurück. Stoppt mich, verlangsamt mein Tempo. Adrenalin pur ist es, was mich vorwärts treibt. Fluchtinstinkt, Überlebenstrieb. Alles zur gleichen Zeit. Willkommen im Tierreich.

Ich wage es nicht zu glauben. Doch meine geschärften Sinne vernehmen ein Fahrzeuggeräusch. *Sie sind es, sie kommen zurück!*, durchschießt der Gedanke wie ein Blitz mein Gehirn. Und tatsächlich sehe ich Millisekunden später ein dunkles Fahrzeugdach aus dem Dünenmeer herausragen und wieder verschwinden. Ich bin gerettet. Und so was von froh.

Sprachlos, und das ist mehr als selten, steht Sten voller Mitgefühl in den Augen vor mir. Er erzählt von seinem Rausch des Fahrens und der irrwitzigen Annahme, dass ich im Auto von Kati und Robi säße. Erst als es ihm komisch vorkam, dass ich gar nichts durch das Funkgerät sagte, fragte er nach, wie es mir denn im anderen Auto erginge. Die Antwort war eher eine Frage: „Ede? Die ist nicht bei uns. Oh Scheiße!" Jeder dachte, dass der andere dachte … Damals.

Nun in der Nacht, im Bett liegend, etliche Jahre später, schwöre ich mir, unser Fahrzeug auf der Reise nicht ohne ein Funkgerät zu verlassen. Es beruhigt mich nur wenig. Doch ist es ein spinnennetzdünner Faden, der mich davon abhält, in dieser Nacht in noch größere Tiefen zu stürzen.

 ## Coaching dem Coach

Ich krieg das nicht alleine hin. Das kann doch echt nicht sein. Anderen kann ich mit meinen Methoden im Coaching helfen. Doch mir selbst? Das hat seine Grenzen. Alles, was über das Denken hinausgeht, ist schwer. Wäre es einfach, hätte ich wohl gerade kein Problem. Alles egal. Ich hole mir jetzt Hilfe. So geht das einfach nicht weiter. Ich stecke in einem dunklen, engen Kanal. Sehe unter mir nur Schwärze und ein großes Nichts. Es ist der blanke Horror für mich selbst. Anderen will ich damit nicht auf den Geist gehen. Ich habe wahnsinnige Angst. Das weiß ich nun schon mal. Von ihr bin ich getrieben und zurückgehalten im selben Augenblick. Ich kann nicht anders, als es „Geburtskanal" zu nennen. Mein Körper hängt in der „alten" Welt. Mein Kopf steckt an der engsten Stelle fest. Es geht nur in eine Richtung. Nach vorn. Doch kein Impuls treibt mich voran. Ich stagniere im beschissensten Moment. Nämlich jetzt, da mir die Luft ausgeht. Wo soll die auch herkommen, an dieser mega-engen Stelle? Ich gönne mir drei Termine zu einem Coaching. Diesmal für mich selbst. In jedem der drei wird eine andere Facette beleuchtet. Alle drei zeigen mir meine Situation deutlich auf. Ich weiß, was zu tun ist. Ich kenne die Richtung. Nur mit dem Loslaufen hapert es. Doch das Sichtbarmachen ist ein erster Schritt. Ich kann sehen, was los ist. Damit hört das Vakuum auf, in mir zu existieren. Luft kommt rein und lässt mich vorerst weiteratmen.

 ## Wünschelrute

Okay, wir wissen, dass wir die Seidenstraße erkunden wollen. Was immer das heißt. Es gibt da ja nicht einfach eine Strecke, sondern unendlich viele Routen. Westroute, Ostroute, Nord- und Südroute, den Wasserweg und vielfältigste Abzweige, Umwege, Abkürzungen und was weiß ich noch alles.

Wir wissen auch, dass wir Länder erkunden wollen, die man nicht eben mal zu 'nem Kaffeetrinken besucht. Wir möchten Kulturen und Landstriche kennen lernen, die wir bisher nur aus Büchern oder Reportagen kennen. Ein eigenes Bild wollen wir uns machen, sehen, was in den Ländern vor sich geht, wie die Leute ticken und leben. Es geht uns ums Erfahren, wie es sich für uns selbst anfühlt, die politischen Situationen in den einzelnen Regionen zu erleben. Das sind Eckpfeiler unserer Gedanken für die Reise. Doch wie stricken wir daraus nun eine tatsächliche Route? Der Spruch „Achte auf deine Träume, sie könnten Wirklichkeit werden" lehrt mich in diesen Tagen eine neue Dimension der Erkenntnis.

Sehe ich mich selbst in Tücher verhüllt im Iran? Völlig vereinsamt in den Unendlichkeiten Kasachstans? Oder eingeschneit und halb erfroren in der Mongolei?

Was ist nur los? Warum zeigen sich diese Horrorbilder in mir? Wo sind all meine Glitzervorstellungen hingeweht?

Genug gejammert. Legen wir los. Das lenkt ab.

Beginnen wir beide, Post-it-Zettel zu nehmen und unabhängig voneinander die Länder aufzuschreiben, die uns reizen würden. Die bunten Zettel vergleichen wir und freuen uns, dass es neben kolossalen Abweichungen doch auch ein paar Übereinstimmungen gibt. Wir lassen unser Ergebnis erst einmal so stehen, um weiterzusehen. Nun ist interessant, wie es mit dem Klima und dem Wetter in den einzelnen Ländern zu den jeweiligen Monaten aussieht. Jede freie Minute sitzen wir beide an unseren Computern, recherchieren, was das Zeug hält. Lesen Reiseberichte, stöbern auf Botschaftsseiten umher. Sammeln, sammeln, sammeln, bis uns die Köpfe zu platzen scheinen, und schicken uns wechselseitig unsere Fundstücke auch noch zu.

 ## Großmutter meiner Angst?

Ich grübele vor mich hin. Versuche, einen Zipfel meiner großen Angstdecke greifen zu können. Was war es nur, was sich da Stück für Stück zusammenfügte und nun schwer, doch nicht wärmend, auf mir liegt. Es geht mir nicht darum, den großen Schuldigen zu finden. Doch irgendein Erleben hat möglicherweise dazu beigetragen, sie zu nähren. Auch wenn ich lange keinen Kontakt mit ihr gehabt zu haben scheine. Umso breiter macht sie es sich ja nun bei mir gemütlich. Legt die Beine hoch und lässt mich zappeln.

An ein Ereignis erinnere ich mich. Es geht zurück in das Jahr 1998. Es ist die Silvesternacht. Zwei Frauen, Tinka und ich, und drei Männer, Sten, Marko und Lutz. Mit einem VW-Bus sind wir unterwegs. Quer durch Ägypten. In Sharm el Sheikh kommen wir an, so gegen sechs Uhr am Abend. Noch einen kleinen Laden wollen wir finden, um Zutaten für irgendeinen Salat zu erstehen. Ein wenig Alkohol auch, falls das geht. Es geht, zumindest für uns Ausländer. Eine Flasche pro Reisepass und Person ist möglich, und wir sind zufrieden. Mit unserer Beute im Arm ziehen wir los, um einen Platz für unser Neujahrsfest zu finden. Hotels, so weit der Strand reicht. Als ob die beiden eine Symbiose miteinander eingegangen wären, so kleben Hotels und Strandabschnitte aneinander. Dicht an dicht. Keine Lücke dazwischen. Uns bleibt nichts weiter, als zu fahren, bis sich das Ringelreih der Hotelanlagen auflöst. Ist ja nicht so, dass wir nicht auch eine Nacht im Hotel verbringen würden. Doch alles ist voll und wir sehen nicht wirklich wie feierwütige Silvstersternchen aus. Dann doch eher wie ein Haufen staubiger Kartoffeln, frisch aus dem Keller.

Wie dem auch sei. Unser Plan ist, ein Stück Strand zu finden. Ganz für uns allein. Und wir finden es. Dumm nur, dass unserem VW-Bus der Platz so gut zu gefallen scheint, dass er sich augenblicklich im Sand vergräbt. Arbeitsteilung. Die Männer schippen Sand, um unser Gefährt flottzukriegen. Mit Feierkater im Kopf will den Job morgen früh keiner machen, das ist uns klar. Wir zwei Frauen verschwinden im Bus und betätigen uns, Salate anrührend, als Hausfrauen. Schwatzend in unser Tun vertieft, fällt uns nicht gleich auf, dass draußen eine Veränderung eintritt. Doch irgendwie ist es plötzlich still. Keine kratzenden Geräusche mehr vom Schippen. Dann, wenn sich Sand und Schaufel aneinander reiben. Ich schaue aus dem Fenster und glaube nicht, was ich sehe. Spielen die? Alle drei stehen stramm da. Die Arme nach oben gerissen, die Schaufeln liegen wie fallen gelassen im Sand. Lange Zeit bleibt mir nicht zum Abwägen, ob ich spinne, Wahnvorstellungen zum Opfer gefallen bin oder gerade im Kino sitze. Denn eines kann es nicht sein, real. Das mit der Realität muss ich noch einmal nach hinten schieben. Hätte gern darüber nachgedacht. Doch ein Mann, von Kopf bis zu den Füßen in schwarzen Militärklamotten steckend, stürmt in unseren Bus. Sein Gesicht kann ich nicht sehen.

Er ist maskiert. Dafür umso deutlicher die Kalaschnikow, die er im Anschlag hält und auf uns zwei Frauen richtet. Die Bewusstheit ist vor Schreck in den Salat gesprungen. Instinkt und Reflex scheinen einzig aktiv zu sein.

Auch wir beide reißen unsere Arme nach oben und wissen, das ist kein Spiel zur Silvesternacht. Das kalte Metall des Gewehrlaufes im Rücken werden wir nach draußen gestoßen. Dort steht ein weiterer Mann, genauso schwarz, genauso maskiert, genauso den Gewehrlauf auf unsere drei Männer gerichtet. Alles stehen und liegen lassend werden wir in eine Reihe gestoßen und vorwärts gedrängt. Weg vom Fahrzeug, im Laufschritt. Die Arme nach oben gestreckt. Dann plötzlich stopp. Marko wird zum Bus zurückgeführt, alles andere als liebevoll. Allein. Wir anderen müssen warten. Ein Mann bei uns. Ein Mann mit ihm. Ich darf meine Arme nicht absinken lassen und möchte mir doch so gern die Ohren zuhalten. Die Augen schließe ich sowieso. Ich stehe da und vergehe vor Angst. Jeden Augenblick rechne ich mit dem Schuss, der dem weggezogenen Marko gilt. Ich bin in Panik. Weiß, dass jetzt alles zu spät ist.

Mein herzallerliebster kleiner Sohn. Dreieinhalb Jahre bist du alt. Was verdammt habe ich getan? Warum bin ich hier und nicht bei dir? Wie konnte ich dir antun, dass du mich vielleicht nie wieder siehst und ich dich?, rast es durch mein Hirn. Ich möchte schreien, weinen, wegrennen. Und stehe doch wie angewurzelt und erstarrt auf einer Stelle. Das darf nicht wahr sein, was gerade vor sich geht. *Lass es einen Traum sein. Bitte.*

Ich höre Zähne klappern. Es sind die von Lutz. Im dünnen Trägershirt steht er da. Offensichtlich war ihm beim Schaufeln des Sandes warm geworden. Nun friert er bitterlich. Bei weitem nicht nur von der Kälte der abendlichen Meeresluft. Ein Typ, der sonst immer das letzte Wort hat oder 'nen Witz reißt, steht neben mir und schlottert vor Angst. Sten ist still geworden. Er hat es mit allen möglichen Sprachen versucht. Doch jedes Wort machte die beiden Kerle nur aggressiver. Verstanden schienen sie nichts zu haben. Einen Knall hören wir nicht. Dafür kommt Marko Minuten später angerannt. Seinen Typen mit Gewehr im Rücken. Ob die was gesucht haben? Ich weiß es nicht. Fragen ist nicht möglich. Antworten genauso wenig. Im Laufschritt setzt sich unsere Gruppe in Bewegung. Immer zu zweit. Was bei fünf plus zwei Leuten schwerlich aufgeht. Die Paarungen werden alle paar Meter gewechselt. Dazwischen Einlagen, bei denen wir uns auf die Knie fallen lassen müssen, um im nächsten Moment auch schon weiterzurennen.

Meine Arme. Ich weiß nicht, was mit denen ist. Einen Krampf habe ich darin vom permanenten Hochhalten. Doch meine Angst macht es möglich. Der Schmerz versteinert. Die Arme bleiben oben. Jedes zentimeterweise Absinken wird mit einem Gewehrstoß in den Rücken bestraft. Ich habe die Pässe von uns fünf in meiner Gürteltasche. Ein Leatherman steckt auch dabei. Mit den Pässen können die zwei offensichtlich nichts anfangen. Die geben sie mir zurück. Mein Klapptool, den Leatherman, probieren sie gleich aus, indem sie mir mit der kleinen Kneifzange die Finger einzeln einquetschen. Ich bin fassungslos. Blöd. Ich habe blonde Haare. Fällt extrem auf, hier in Ägypten. Ich habe die Pässe von allen. Warum? Spielt die 'ne besondere Rolle?, scheinen sich die beiden zu fragen. Und verheiratet bin ich auch mit keinem der drei Männer unserer Gruppe. Sonst hätte ich ja einen goldenen Ring am Finger, wie die zwei mir begreiflich machen. Sie zerren mich aus der Gruppe, stoßen mich wieder hinein. Inzwischen ist es Nacht geworden. Wir rennen durch die Wüste. Wo wir sind, wissen wir längst nicht mehr. Doch einen Verbündeten haben wir. Den Mond. Er scheint, was das Zeug hält, und beleuchtet auf seine Weise den hellen Sand. Es ist nicht taghell. Doch eben auch nicht nachtdunkel.

Wir rennen, bleiben stehen, fallen auf die Knie, stehen auf, wechseln die Paarungen, rennen weiter. Das ist der Rhythmus. Dazwischen Geschrei, Provokationen mit den Gewehren. Die Atmosphäre brennt in der nachtkalten Luft. Meine Angst steigt auf ein nicht mehr Messbares an. Sie erreicht ein Stadium der Taubheit. Der Leblosigkeit. Oder ist es Hoffnungslosigkeit? Ich kann das eine nicht vom anderen trennen. Denke pausenlos an meinen kleinen Sohn zu Hause in Deutschland. Es ist, als ginge mein Leben in diesen Stunden zu Ende. Die stumpfe Willenlosigkeit, die mich befällt, ist wie ein Schutz meiner Seele, um mich nicht verrückt werden zu lassen. Als schiebe sich ein Filter vor meine Wahrnehmung, der erträglich machen soll, was für mich nicht zu ertragen ist.

Die Zeit vergeht, in der wir uns durch die mondbeschienene Sandwüste bewegen. Ohne jedes Gefühl, wo wir eigentlich sind. Plötzlich stutze ich. Vor uns taucht ein Fort auf. Mitten in der Weite des Nichts steht eine militärische Anlage. Komplett blickdicht umzäunt. *Das ist das Ende*, denke ich. *Hier kommen wir nie wieder raus*, bin ich mir innerlich sicher. In einer Linie hintereinander laufend treten wir durch das große Holztor ein. Was ich sehe, lässt in mir den letzten Mut schwinden. Ein Mann kommt auf uns zu. Sein Gesicht kann ich nicht sehen. Ein riesengroßer Nasengips prangt, weiß angestrahlt vom Licht des Mondes, in seinem Gesicht. In mir spulen sich mehrere Filme gleichzeitig ab. Keiner weiß, wo wir sind. Ägypten, das ist das Einzige, was bekannt ist. Doch wie soll uns hier am Ende der Welt jemand entdecken können? Ausgeschlossen. Sorry Leben. Dumm gelaufen.

Ich bin verzweifelt und fühle mich unendlich taub. Mechanisch laufe ich auf das Haus zu, wie uns gewiesen wird. Apathisch stehe ich am Absatz der Treppe und bekomme kaum mit, wie am anderen Ende der Treppe ein Holztisch aufgebaut wird, mit einem Stuhl dahinter. Eine schwache Lampe nehme ich an der Fassade über der Eingangstür wahr. Ein Mann nimmt Platz und will unsere Pässe sehen. Ich verstehe nicht gleich, dass ich gemeint bin, die etwas tun soll. Als die Worte endlich zu meinem Gehirn vordringen und eine Handbewegung auslösen, die meine Gürteltasche öffnet, um die Pässe zu entnehmen, scheine nicht ich es zu sein, die die Pässe durchreicht bis zu dem Mann am Tisch. Stille, Nichts. Er blättert in einem Pass. Dann im nächsten und immer so fort. Seine Mimik verändert sich nicht. Bei mir verändert sich alles. Die große Panik ist wieder in mir ausgebrochen. Das Zudeckeln gelingt nicht länger. Dann hebt er den Blick und bewegt seine Lippen. Was er sagt, verstehe ich nicht. Ich kann nicht begreifen, was vor sich geht. Die Worte „Happy New Year. Welcome in Egypt" ergeben für mich keinen Sinn.

Irgendwie kommt Bewegung in unsere Gruppe. Begreifen tun die anderen wohl auch nicht. Man will uns Wasser geben zum Trinken und uns begleitet zurückführen zu unserem Bus. Wir laufen los. Wo entlang? Ich weiß es nicht. Später bieten sie uns Hilfe an beim Ausgraben unseres Busses. Denn dort stehen bleiben dürfen wir keinesfalls. Ich erinnere mich nicht, wie ich zurücklaufe und ankomme. Meine Nerven scheinen lose in Bündeln in mir zu baumeln. Zerrissen, verfitzt, ohne Halt und Aufgabe. Ich bin am Ende mit meiner Kraft. Spüre meine Arme, jetzt. Wie sie schmerzen, nach dem unglaublich langen Halten in der Luft. Ich kann nicht weinen, bin wie versteinert und kalt. Ich schnappe auf, dass wir zu nah am Gelände des Flughafens Sharm El Sheikh gehalten hatten. Dass man uns für israelische Terroristen hielt, die ein Attentat auf den Flughafen planten. Die beiden Typen waren supergut ausgebildet. Sie hielten uns fünf absolut in Schach. Wiedergesehen habe ich sie nach dem Betreten des Forts nicht mehr. Weiter erfahren wir nichts. Welcher militärischen Einheit wir da auf den Leim gegangen sind, wissen wir nicht. Nur eins. Uns wird geholfen, aus dem Sand zu fahren. Wohin wir sollen, wissen wir nicht. Einfach irgendwohin, nur weg. Das ist unser Plan.

Wir sind verunsichert, ängstlich, übermüdet, erschöpft, ratlos. Schweigend fahren wir und fahren, bis wir einfach stehen bleiben. Irgendwo. Der Tag beginnt, sein frühes Grau zu zeigen. Wir setzen uns zusammen. Ein Diktiergerät legen wir in die Mitte. Jeder soll zu Wort kommen, um loszuwerden, was ihn am Dringendsten bedrückt. Wir hoffen, so den ersten Schock zu verarbeiten. Tinkas Worte berühren mich zutiefst und lassen nun meine Tränen fließen. Sie hatte beschlossen, mich einwechseln zu wollen, wenn die Typen mir noch näher an die Wäsche gegangen wären. Die hatten mich immer wieder am Wickel. Mit den Pässen und meinen blonden Haaren. Keine Ahnung. Tinka hatte zu diesem Zeitpunkt noch kein Kind und ich war Mutter meines dreijährigen Sohnes. Sie wollte unbedingt helfen, dass ich ihn wiedersehe.

Das war 1998. Oder besser, der erste Januar des Jahres 1999. Nun haben wir das Jahr 2014. Fünfzehn Jahre später. Und noch immer bekomme ich Herzrasen, wenn ich bei meinen Yogaübungen die Arme lange in die Luft halte. Die Ängste schienen vergessen und brechen nun unaufhaltsam erneut durch. Müssen wir auf unserer Reise nicht an dreihundertfünfundsechzig Tagen einen Schlafplatz für die Nacht finden? In uns vollkommen fremden Ländern und Landschaften.

Ede, alles klar. Ich habe eine Ahnung, woher ein Teil meiner Angst rührt …

 ## Visum Visa Rumtata

Oh Gott. Der ganze Behördenkram. Das geht beim „Carnet de Passages" los und hört bei den Visa noch lange nicht auf. Ich bin Sten unendlich dankbar, dass er wortlos all diese mühseligen Themen übernimmt. Ich kann mich voll auf meine Arbeit konzentrieren und er organisiert neben der Arbeit unsere Reisedetails. Was die Visa angeht, so haben wir die Möglichkeit, uns selbst in den Botschaften in Deutschland um jedes einzelne zu kümmern oder unterwegs zu versuchen, in dem jeweils vorhergehenden Land ein Visum zu bekommen. Ein dritter Weg ist der, eine Visaagentur zu finden und zu engagieren, die sämtliche Visabeantragungen für uns erledigt. Für die Visa selbst ist es jetzt noch viel zu früh, doch es wäre ein tolles Gefühl, wüssten wir schon, an welche Agentur wir uns wenden.

Irgendwann in diesen Tagen sagt Sten wie beiläufig zu mir: „Ich hab jetzt 'ne Agentur, bei der mein Bauchgefühl stimmt."

Ich höre es, bin beruhigt und entschwinde wieder in mein Alltagsleben, welches mir in diesen Wochen so viel Freude macht wie lange nicht mehr. Warum nur fangen wir an die Dinge so richtig wertzuschätzen, wenn wir spüren, dass sie ihrem zeitweiligen Ende entgegengehen?

 ## Zettelkram

Wir spüren minütlich, dass ab jetzt jeder Monat nur noch einmal kommen wird. Dass zwar noch ein Jahr Zeit ist, doch irgendwie schmilzt das dahin, als sei die Wintersonne zu stark.

Beim Frühstück, beim Abendessen, am Tag, in der Nacht. Ständig fallen uns irgendwelche Kleinigkeiten ein, an die wir meinen, denken zu müssen. Wir haben das Gefühl, dass unsere Köpfe kurz vorm Explodieren sind und beschließen, alles, was uns einfällt, auf einzelne Post-it-Zettel zu schreiben. Auf jeden Zettel nur einen Fakt, damit man ihn dann auch mal wieder abnehmen kann. Von „Medikamentenliste" über „Passbilder", „Navigationskurs", „Impfungen" bis hin zu „Auf-Wiedersehen-Party" steht ab jetzt alles auf den Zetteln. Wir haben eine Schranktür. An die kommen sie alle dran – die Zettel mit den Mahnworten. Dumm nur, es werden immer mehr Zettel. Abnehmen können wir scheinbar keinen einzigen. Noch nicht.

 ## Sommerkleidchen

Ein Jahr lang kein Geld verdienen. Was für eine Vorstellung. Klar, ich spare seit ein paar Jahren. Doch wird das reichen für unterwegs? Und vor allem, was wird danach? Wie schnell gelingt mir danach ein Wiedereinstieg? Wenn man einmal so raus ist aus allem. Ist ja nicht so, dass ich angestellt wäre und dann einfach an meinen Schreibtisch zurückkehre und ab geht die Post. Nein, ich bin selbstständig tätig. Fahre meine Arbeit kurz vor Reisebeginn runter und habe keine Ahnung, wie das Ankurbeln danach funktioniert. Eingerechnet mich selbst. Wer weiß, wie stark ich mich bei aller inneren Stabilität auf der Reise verändere? Nun, ich weiß das jetzt alles nicht. Ist müßig, mir Gedanken zu machen über Dinge, die ich momentan weder in Händen halte, noch beeinflussen könnte, wenn ich mir nur genug Sorgen darum mache. Ist also einigermaßen kontraproduktiv. So kann ich es auch gleich lassen und lieber das tun, was hilft. Zum Beispiel habe ich aufgehört, mir Klamotten zu kaufen. Ich liebe es, zu Beginn einer Saison meinen Kleiderschrank auszumisten, um Platz für Neues zu bekommen. Das fällt in diesem Jahr einfach aus. Mich reizt der Gedanke, in den kommenden Monaten nichts weiter zu brauchen als das, was ich habe. Überhaupt kommt so ein Gefühl des Reduzierens in mir auf, was ich mag. Ich überlege dreimal, bevor ich mein Geld ausgebe. Einzig für unterwegs kaufe ich, was mir wichtig erscheint.

Dicke Winterjacken, warme Schlafsäcke, leichte Iso-Matten. Nicht unbedingt laufstegtauglich, aber praktisch.

 ## Hafenwohnung

Ich liebe unsere Wohnung. Sie ist hell und groß und offen. Ich komme an jedem Abend gern nach Hause, frühstücke mit Vorliebe auf dem Boden sitzend, genieße die Sichtachsen quer durch alle Winkel. Betrete ich unsere Terrasse, ist es, als machte ich einen Kurzurlaub. Meine Pflanzen sind meine Zöglinge. Morgens und abends zupfe ich an ihnen herum, stelle sie ins Licht oder in den Schatten. Je nachdem, wie sie es mögen. Ich weiß, dass viele ihre Wohnung untervermieten oder gar komplett auflösen, begeben sie sich auf Langzeitreise. Das befreit auf der einen Seite, schneidet auf der anderen ganz schön viele Fäden durch. Unsere Idee ist es nicht, für immer zu reisen. Wir wollen zurückkehren. Was immer das auch heißen mag. Unsere Wohnung ist wie ein Hafen für mich. Was weiß ich denn heute, ob ich nicht unterwegs genug davon habe zu reisen, und wieder nach Hause will? Egal, wie es kommt. Das Gefühl zu haben, dass im Falle eines Falles unsere eigene Tür für mich offen steht, ist mir unglaublich wichtig. Es ist, wie das Netz unter dem Seiltänzer. Er geht ohne Sicherungsleine los. Doch wenn er fällt, fängt ihn das Netz. Dieses Bild beruhigt mich. Es gibt mir Halt in diesen scheinbar haltlosen Tagen.

Mein kleiner gelber Koffer

*Ich packe meinen Koffer und nehme mit: Mich selbst mit meiner **Neugier, Ungeduld, Spontanität, Fröhlichkeit** und **Strukturiertheit**. Neu dazugekommen ist eine reichliche Portion an **Stimmungsschwankungen.** Die wiegen einiges ... Hätte ich früher nicht gedacht.*

 ## Gruselkabinett

Eine Achterbahn ist ein Klacks dagegen. Mir wird schwindelig von dem Hoch und Runter meiner Emotionen. Als sitzen da permanent zwei Personen in mir, die gegensätzlicher nicht sein könnten. Die eine, die sich riesig auf das Vorhaben freut, stolz wie Bolle ist und lieber heute als morgen starten will. Sie hatte das Sagen in den vergangenen Jahren. War mit ihrer mitreißenden Freude immer ganz vorn dabei. Generell sieht sie Hürden im Leben als kleine Trainingseinheiten an, wünscht sich aufregende und ungewöhnliche Schicksalswürfe. Ich mag, wie sie da so munter in mir rumquatscht und nicht müde wird, die andere bei Laune zu halten. Doch die hält sich die Ohren zu. Wo die mit den Händen an den Ohren plötzlich hergekommen ist, bleibt mir ein Rätsel. Doch sie will sich um mich kümmern. Das merke ich. Sie möchte mich beschützen. Sie meint wohl, ihre Stunde sei jetzt gekommen. Ewig musste sie still sein und sich das Geplapper der Lustigen anhören. Doch nun fährt sie ihre sorgende Größe auf, so dass ich fast platze.

Ich kann euch sagen, da ist was los in mir. Ich verstehe kaum noch, was außerhalb von mir geschieht, so ein Lärm und Gezanke tobt in meinem Kopf. Ein helles *Ja* und ein sonores *Nein* spielen Pingpong auf meiner Seele. Ein Spaß ist das nicht. Ich freue mich seit Jahren auf das Abenteuer meines Lebens und bin dabei, es mir selbst auszureden. Hey, Ede, was ist los?

Ich sprach schon davon, dass der Tag kommt, an dem aus dem Traum, dem Glitzer, dem Strauß der Möglichkeiten die Farbe und der Glanz schwinden.

Es ist der Moment, an dem ich mich lange dafür entschieden habe, die Reise zu machen. Plötzlich wird es kalt am Rücken, der Magen grummelt, die Details der Vorbereitungen scheinen kein Ende nehmen zu wollen. Nachts bleibt mein Schlaf aus. Dafür kommen umso mehr Fragen auf. Ist die Route ok? Habe ich etwas Wesentliches nicht bedacht? Reicht mein Geld? Wen alles lasse ich zurück? Was geschieht nach meiner Reise?

Der Seegang nimmt zu. Mein großes Schwanken beginnt.

Ich glaube, es ist gesund (hoffe ich zumindest), jetzt ins Zweifeln zu geraten. Ich merke, wie ich sie beide mag. Die Abenteuerlustige und die still Besorgte in mir. Ich lasse sie reden und gebe ihr Raum. Sie hat mir was zu sagen. Also höre ich ihr zu. Ehrlich gesagt gehen mir diese ganzen Sprüche der Chancen und Möglichkeiten einer solchen Reise gerade ganz schön auf die Nerven. Wenn ich es aus dem Blickwinkel meiner stillen Freundin betrachte. Vielleicht bin ich die Einzige, die in dieser Phase Manschetten bekommt. Und wenn schon, dann ist es eben so. Ich will mich nicht zwingen und quälen. Ich gebe mir selbst die Erlaubnis, das ganze Vorhaben abzublasen, wenn es absolut nicht aufhören sollte mit den schlaflosen Nächten, den plötzlichen Heulanfällen, den Panikattacken.

Ich weiß, dass ein Abblasen jetzt ganz schön Lärm verursachen würde. Doch ich will mich nicht fremdbestimmen lassen, nur weil es jetzt alle von mir erwarten zu fahren. Am Ende sind es nur Sten und ich, die fahren, oder eben nicht. Ich erkenne mich selbst nicht wieder. Habe keine Ahnung, was da in mir aufsteigt. Als krempele ich mich gerade selbst einmal komplett um. Themen steigen wie Tele-Lotto-Kugeln in mir auf, von denen ich nicht wusste, dass es diese Kugeln überhaupt in mir gibt.

Seltsame Zeit. Hilfe, Ede, wo bist du? Du klare Person, die weiß, was sie möchte, und auch was nicht. Die lustvoll und neugierig ist. Die sich gern auf neues Terrain begibt? Diese Ede scheint gerade abhandengekommen zu sein. Wer weiß. Sie wird ihre Gründe haben.

Was wäre, sagte ich jetzt tatsächlich ab? Wäre es eine Katastrophe? Ich glaube, am Ende würde ich es mir selbst verübeln. Bin ich doch ganz tief in mir drin unglaublich neugierig auf das, was unterwegs mit mir passiert. Auch wenn ich mich jetzt mitunter schüttele vor Angst, habe ich doch einen Hauch von Ahnung, dass nur das Loslaufen mir wirklich hilft.

Ich glaube, zu allem gehört Mut. Auch dazu, an einer Stelle „Nein" zu sagen.

In meinem Fall durchlebte ich alle diese Phasen, von der Euphorie, der Vorfreude, der leisen Freude, des schönen Gedankens, der aufkommenden Unruhe, der stillen Angst, der geräuschvollen Panik. Und doch sagt mir meine innere Stimme: „Fahr! Der Rest ergibt sich. Und wenn die Reise zu Ende ist, dann ist sie zu Ende. Mach dir keinen Druck. Doch, fahr los!"

Ich erzähle von diesem Hin und Her in mir, weil ich selbst es so unglaublich vermisse, von anderen zu wissen, wie es ihnen in dieser Zeit ihrer Vorbereitung erging. Ich fühle mich allein und undankbar. Was bin ich doch für eine dumme Gans? Da liegt das Geschenk meines Lebens vor mir. Und was mache ich? Ich heule.

Unseren Sohn haben wir dieser Tage am Flughafen in Frankfurt verabschiedet. Nach Taiwan fliegt er, um dort für sechs Monate ein Praktikum bei einer Handelsfirma zu machen. Wunderschöne Sache. Ich freue mich riesig für ihn. Finde es toll, dass er sich in die Welt aufmacht. In sein eigenes Leben. Ich hatte es mir immer so gewünscht. Doch ihn nun zu verabschieden, fällt mir schwer, schwer, schwer. Bin gerade nicht so gut darin Tschüss zu sagen. Dieses doofe Wort „loslassen". Ja, ich weiß schon. Das ist eine harte Nuss. An der beißen sich beiden Seiten in mir nun munter die Zähne aus. Die, die endlich los will und das Gejammer nicht mehr ertragen kann, und die, die sich produziert, in all ihrer Not.

Ich, Vogel am Arsch der Welt

Ich bin wütend, sauer, nein stinksauer. Habe einen mächtigen Bammel und weiß nicht, wohin zuerst mit meiner Wut. *Sten übertreibt. Ganz eindeutig. Hat er Gefühl im Leib? Und einen Krümel Ahnung, wie es mir hier ergeht?*, rauscht es durch meine Sinne.

Es ist Januar, im Jahr 2001. In meinem roten Federkostüm, stehe ich am staubigen Straßenrand in Amerika. Genauer, auf der Einfallstraße zum Monument Valley. Seit Wochen arbeiten wir an unserem eigenen Film- und Fotoprojekt. Mein Vogelfederkostüm spielt die Haupt- und sämtliche Nebenrollen. Rechts nur Stau, links die Wüste, vor mir die Straße. In beiden Richtungen ein schwarzer Strich. Gezogen wie mit dem Lineal. Ewig lang. Immer geradeaus. Mein Verhängnis. Stens Idee: „Ich fahre so weit, bis ich dich nicht mehr sehen kann. Dann wende ich und filme beim Auf-Dich-Zufahren."

Klar. Ich, der rote Punkt soll urplötzlich am flimmernden Horizont erscheinen. Toll gedacht. Doch wahrscheinlich stehe ich dann einfach nicht mehr da, wenn er zurückkommt. Denn noch entfernt er sich weiter, wird kleiner bis unsichtbar. Und ich? Fühle mich vollkommen ausgeliefert. Als Vogel am Straßenrand. Trucks brettern vorbei. Ist nur eine Frage der Zeit, dass irgendeiner anhält und mich einsackt. Vielleicht kann ich noch wählen zwischen wildem Hunderudel und klebrigem Achselshirt?

Ist das ein weiterer Moment, in dem die Angst in mir geboren wurde? Ich habe keine Ahnung. Frage mich das nur heute, als ich mir eingestehen muss, immer mehr Respekt vor unserem eigenen Vorhaben zu bekommen. Damals ging natürlich alles gut. Ich trommelte bei Stens Rückkehr wie wild mit meinen Fäusten an die Scheibe. Irgendwo musste ich ja hin, mit meiner verzweifelten Energie.

„Mach das ja nie wieder!", hörte ich mich drohend zischen. Leider war es für Sten genau die Art an Szene, die er sich für die Dramatik seiner Filmaufnahme wünschte. Er war begeistert. Und ich für einen Augenblick fassungslos. *Du gehst zu weit*, sah ich mich in seine Richtung denkend.

 ## Ab in den Süden

Rumänien. Muss das sein? Können wir nicht irgendwohin fahren, wo es schön ist? So mit netten Cafés und lauschigen Stränden. Diese Wohlfühlatmosphäre eben. Nein, können wir offensichtlich nicht. Gemeinsam haben wir uns für Rumänien entschieden. Zwei unserer Kinder und wir beide. Es ist ganz eigenwillig in mir. Einerseits suche ich das Abenteuer und andererseits habe ich keine Lust darauf. Doch, klar, bald geht es auf große Fahrt. Da ist es schon nicht ganz verfehlt, mich dem zu stellen. Wie es ist, so unterwegs. Bin ja nicht unbeleckt in diesen Dingen. Doch mit dem Riesen vor Augen, der da „ein Jahr lang" heißt, ist das plötzlich alles eine komplett andere Nummer. Es fühlt sich anders an, Kilometer zu schrubben, wenn ich mir vorstelle, das bald täglich zu tun. Es ist ein anderer Eindruck, am Abend Ausschau nach einem Schlafplatz zu halten, wenn ich weiß, dass ich das in Kürze dreihundertfünfundsechzig Tage lang tun werde. Und es steigt ein besonders klammes Gefühl bis ganz hinauf in meinen Hals, wenn ich ganz plötzlich Geräusche höre. Morgens, im Dämmerlicht zwischen Nacht und Tag. Wenn ein untrüglicher Instinkt mich weckt und mir sagt, „da ist wer, der da nicht hingehört." Sten ist auch gleich wach. Die Kinder schlafen hoffentlich noch. Auf alle Fälle sind da Stimmen um unser Geländefahrzeug herum.

Männerstimmen. Die tuscheln und scheinen es eilig zu haben. Wie viele mögen das sein? Mehr als einer, sonst würden sie nicht miteinander reden können. Zumindest ist das nicht anzunehmen. *Sten, bitte, schau mal nach,* denke ich still und traue mich nicht, es auszusprechen. Ich will ja nicht, dass ihm was passiert. Na, er steht auf, um durchs Fenster zu lugen. Im selben Moment lässt er einen Schrei los, als sei der Bär in ihm erwacht. Ich höre es klappern und scheppern, eilige Schritte und hastigen Atem. Wer auch immer da draußen ist, der hat offensichtlich einen bärischen Schreck bekommen. Ein Motor startet. Drei Männer springen in das Auto hinein und sind augenblicklich verschwunden. Die Kinder sind wach und wir alle vier ziemlich erschrocken. Was wollten die und was haben sie getan? Am Auto waren die Fenster offen. Die mussten also davon ausgehen, dass jemand drinnen ist. Und trotzdem waren sie so dreist, sich am Auto schaffen zu machen.

Ich habe Schiss. Doch meine Wut ist größer. Also öffnen Sten und ich die Tür, um nachzusehen, was los ist. Hm, den Abwasch vom gestrigen Abend scheine ich nicht mehr machen zu müssen, denn meine neue, übrigens erste gute Bratpfanne meines Lebens ist nicht mehr da. Ein paar Töpfe fehlen ebenfalls. Das habe ich nun davon, wenn ich am Abend das schmutzige Geschirr stehen lasse und statt mir Spülhände zu holen, lieber einen Rotwein trinke. Vielleicht war es auch ein „Frustklau", denn das Schloss der Beifahrertür sieht beschädigt aus. Die haben offenbar versucht, das Schloss zu knacken. Vergeblich. Genauso erging es den Dieben auch an den Schlössern der Dieseltanks. Wollten die echt Diesel klauen? Oder eines unserer Navis aus dem Fahrerhaus? Am Ende hatten wir vielleicht Glück, dass sie einfach unser schmutziges Geschirr mitgenommen haben. Und gut war es. Thema ist das Ganze trotzdem für eine Weile. Und ich rechne mal wieder hoch. Wenn mir das schon in Rumänien passiert, in einem landschaftlich schön gelegenen Tal, gar nicht weit weg von der Zivilisation. Was ist dann, wenn wir tatsächlich weit draußen sind? Allein in der Unendlichkeit. Was wird uns dann wiederfahren, wenn Räuber kommen???

 ## Übergetreten. Fehlstart

Wann bitte soll es für uns nun genau losgehen? Eine einfach zu beantwortende Frage. Das Jahr 2015 steht seit Jahren fest. Das Datum auch. Der 1. März 2015. Wir lassen 2014 komplett ausklingen. Ich arbeite bis zum Schluss. Und habe so genügend Zeit, um im Januar und Februar noch alles Nötige zu erledigen. Ein schöner Übergang. Außerdem kommt unser Sohn Ende Februar aus Taiwan zurück. Ihn möchte ich unbedingt erleben, wenn er heimkehrt. Vielleicht besuche ich ihn auch noch für ein paar Tage in Taiwan. Wäre ja sehr schön. Doch von diesem Plan weiß keiner. Den kenne nur ich.

März. Das bedeutet, der Frühling naht. Er ist dann in Griechenland und der Türkei schon deutlich spürbar und lässt mich auch in den später folgenden Ländern auf Wärme hoffen. Denn eins steht für mich fest. Ich will nicht ein Jahr lang reisen, um mich in der Kälte herumzudrücken. Ich liebe die Wärme, den Sommer, das Licht. Ich mag es, am Morgen einfach ein dünnes Kleidchen überzuziehen und fertig ist der Lack. Genügend Gründe, die dafür sprechen. Erster März 2015. Das ist unser Starttermin.

Ab und an hören wir uns in diesen Wochen Vorträge an, um uns einzustimmen auf das, was uns vielleicht erwartet. Doch vor allem, um mit den Leuten zu sprechen, die ihre Vorträge halten. Wir glauben, dass wir so unsere Fragen authentischer beantwortet bekommen, als wenn wir uns dazu im Internet in Foren belesen.

Mein Eindruck ist, dass es dort oft nur darum geht, Situationen zu dramatisieren. Einfach, weil sie dann spannender klingen. Dieses Wochenende findet in Plauen ein Vortag statt von einem Paar, das zwei Jahre lang reiste. In etwa auf unserer geplanten Route. Sten fährt schon am frühen Nachmittag hin, um genug Zeit zu finden, mit Wolfgang zu reden. Ich habe vor, am Abend nachzukommen. Ein Seminar hält mich noch in Jena fest. Hm, ich gebe zu, dass mich meine geliebten Themen rund um meinen Job in diesen Tagen mehr als je zuvor fesseln. Fesseln im Sinne von mich interessieren und zu sich hin ziehen. Ich merke immer wieder, dass ich meine Energie noch nicht wirklich auf die Reise ausgerichtet habe, sondern sie in die Themenbereiche vertiefe, die mein Hiersein tangieren. Aber auch meine ureigenen Fragen streifen.

Sten ist sauer auf mich, weil ich meine Prioritäten anders lege, als er das gern hätte. Ich bin sauer auf ihn, weil ich der Meinung bin, dass wir nicht beide schon jetzt auf „Reise" umschalten sollten. Sondern es bei mir eben gerade noch ums Geldverdienen geht. Am Abend, kurz vor Beginn des Vortrags, rolle ich pünktlich vor den Eingang des Gemeindehauses. Meine Stimmung ist gut. Ich hatte einen genialen Tag und auf der Fahrt nach Plauen genügend Zeit, meine Lieblingsmusik zu hören und über das heute Gehörte im Seminar nachzudenken. Es ging um Gruppen und Systeme, die Interaktionen darin und so weiter. Stens Laune ist auch wieder besser als heute Morgen. Also, alles gut. Der Beamer läuft schon. Das erste Bild steht an der Wand. Als Sten sich zu mir beugt und mir zuflüstert: „Wir starten im Dezember." Punkt. Nichts weiter.

Ich glaube, mich verhört zu haben. Obwohl mein Körper genau weiß, dass es nicht der Fall ist. So stark wie von jetzt auf gleich mein Herz rast, mein Magen krampft und es in meinen Ohren saust. Ein paar Minuten lang kann ich weder etwas denken, noch sagen, noch fragen. Ich bin sauer, traurig, entrüstet. Alles zur gleichen Zeit. „Was denkt sich Sten dabei, mich plötzlich so zu überfahren?", schießt es mir fassungslos durch den Kopf. Als ob er meine innere

Frage gehört hätte, schiebt er einige Minuten später nach: „Hättest ja heute gleich mitkommen können. Dann wüsstest du warum!"

Na prima. Nun will er mich auch noch bestrafen. Wird ja immer besser. Da kann er auch gleich alleine fahren. Um mich scheint es hier ja nicht zu gehen. Was Wolfgang vorn erzählt, bekomme ich überhaupt nicht mit. Ich sitze da. Tränen kullern mir übers Gesicht. Ich will nur noch raus hier. Dann ist Pause. Alle verlassen den Saal. Ich bleibe sitzen. Sten auch. Wir schweigen uns an, bis er beginnt zu erzählen, dass es im September in der Mongolei bereits wieder beginnt, Winter zu werden. Und die einzigen geeigneten Monate Juli und August sind, um dorthin zu kommen. Deshalb wird es einfach zu spät für uns, wenn wir erst im März losfahren. Klar, die Mongolei ist unser beider Traum, wenn es um die Länderauswahl geht. Da wollen wir beide unbedingt hin. Doch was bitte wird aus meiner Bedingung mit dem Frühling? Und was mit meinem Job bis Jahresende und den anschließenden Vorbereitungen im Januar und Februar? Wenn jetzt, Anfang September, plötzlich alles gekippt und aus fünf Monaten Zeit bis Anfang März mit einem Mal knappe drei Monate werden bis zum Start? Und überhaupt kann Sten das völlig vergessen! Ich will Elias, unseren Sohn, noch einmal treffen, bevor wir fahren! Ich spüre, dass das mein Hauptgrund ist, der mir die Tränen in die Augen schießen lässt. Ich habe ihn nicht vor zwei Wochen nach Taiwan verabschiedet, um ihn jetzt anderthalb Jahre nicht mehr zu sehen. Das ist mir zu viel. Ich will das nicht. Nicht mit mir, Schluss!

Der Saal füllt sich wieder. Der zweite Teil des Abends beginnt. Ich bin einfach nur froh, dass es dunkel ist und niemand mein Gesicht sehen kann. Wie versteinert sitze ich auf meinem Holzstuhl. Der Abend schafft alles. Nur eines nicht. Er stimmt mich definitiv nicht auf unsere Reise ein. Zum Glück haben wir jeder ein eigenes Auto, mit dem wir nach Hause fahren. So kann jeder seinen Gedanken nachhängen. Es gibt kein eisiges Schweigen, keine Diskussionen, Vorwürfe oder Beschuldigungen.

Eine knappe Woche ist das nun her. Mir geht es nicht gut. Doch ich habe mit Elias per Skype gesprochen. „Mama, bis dahin können wir doch miteinander skypen. Da sehen wir uns auch. Und wer weiß, in welcher Stimmung ich bin, wenn ich Ende Februar zurückkomme? Dann bin ich vielleicht gefühlt lieber noch in Taiwan und du bist traurig, dass wir keine schöne Zeit miteinander haben. Da ist es doch besser, ihr seid dann schon weg", ist seine klare, vernünftige Antwort. Ach mein liebes Kind. Wie sehr ich dich liebe. Vielleicht hast du Recht. Ich denke darüber nach. Dieses verdammte Loslassen. Aber anderthalb Jahre ... Es schnürt mir einfach nur den Hals zu, sobald ich daran denke. Sten sage ich nichts davon, dass ich mich mit dem Gedanken beschäftige, früher als gedacht loszufahren. Wir leben unseren Alltag. Doch das Reizthema sparen wir geschickt aus.

Sonntag. Wie vergangene Woche, als wir nach Plauen fuhren. Wir wissen, dass es so nicht weitergeht. Wir müssen reden und setzen uns zusammen. Sten entschuldigt sich, dass er mich so überrollt hat. Er wollte es auch. Seine kleine Rache eben. Doch es sei eben wirklich zu wenig Zeit, für alles, was an Ländern und Strecke davor liegt. Um sich auch Zeit zu gönnen und nicht zu hetzen. Ich hatte mich in den letzten Tagen mit dem Klima und den Temperaturen beschäftigt und muss zugeben, dass ich zuvor kaum über die Türkei und Iran hinaus gedacht hatte. Schon das erscheint mir so exotisch weit weg, dass ich sämtlichen Ländern danach bisher keinen wirklichen Gedanken schenkte. Ich möchte auch nicht in der Mongolei einschneien und bin lieber zu einer Zeit dort, in der das Wetter einigermaßen stabil ist. Doch das hieße, in mehrere saure Äpfel gleichzeitig zu beißen. Dann haben wir definitiv Winter, wenn wir losfahren. Und der würde uns eine ganze Weile begleiten, weil wir ja dann automatisch überall früher wären als gedacht. Was heißt, dass es auch im Iran noch kalt ist, wenn wir dorthin kommen.

„Aber im Süden ist es dann dort schon warm", wirft Sten ein. Wie ich es mit meiner Arbeit UND den Vorbereitungen schaffen soll, weiß ich nicht. Das drängt sich alles extrem zusammen. Ja, und das Elias-Thema ist emotional sowieso nicht vom Tisch. Obwohl mir seine Worte und Gedanken gut getan haben. Ich weiß, eine Entscheidung muss her. Noch immer nicht glücklich, und über die Art und Weise schon gar nicht, stimme ich zu, dass wir schon im Dezember losfahren. Zur Bedingung mache ich, dass wir mit unserer Familie den Heiligabend feiern und erst danach starten. Sten schlägt ein. „Wir fahren am 26. Dezember los", sagt er lakonisch lachend. Ich grinse.

 ## Mein kleiner gelber Koffer

*Mein Koffer wird langsam zum **Gruselkabinett**. Ich glaube, der braucht **Luft**. Ich lasse ihn einfach mal eine Weile lang offen stehen. In der stillen Hoffnung, dass die **Lust** hereingeflogen kommt, um der **Verzagtheit** freudig ins Ohr zu flüstern.*

Kaspertheater

Das Wasser steht uns bis zum Hals. Wir fühlen uns überschüttet von so vielen Details. Das Alte, das Neue, das Umfeld, die eigene Innerlichkeit, alles zerrt, alles zerrt sich, alles zehrt. Wo sind unsere Ideale, unsere Träume und unsere ausgemalten Bilder?

Heulsuse

Über das Weinen schreiben, eine merkwürdige Sache. Ist es doch etwas, was wir gern nur für uns tun, wenn uns niemand sieht. Diese stillen unbeobachteten Momente. In denen wir uns selbst vielleicht am nächsten sind. In denen wir uns spüren, so lebendig, so tief.

Weinen steht leider immer im Ruf, von Schwäche zu künden, ja, eine Schwäche zu sein.

Das ist nicht das Leid des Weinens, das ist das Leid der Menschen, die dies glauben und sich selbst verwehren zu weinen Oder wie ich es von mir aus früheren Zeiten kenne, gar nicht spüren, dass einem eigentlich gerade zum Weinen zu Mute ist.

„Zum Weinen zu Mute." Ein herrlicher Satz, wenn ich ihn sage. Spricht er doch vom Weinen in direktem Zusammenhang mit dem Wort „Mut". Mut zum Weinen. Weinen ist mutig. Mutige Menschen weinen.

Mut nun wieder steht im Ruf, mit Begriffen wie Stärke und Kraft ein Bündnis eingegangen zu sein.

Das ist dann was Gutes. Stark zu sein. Kraft zu haben. Ja, ist es auch. Doch wahrhaftige Stärke und Kraft erwächst aus wahrem und vollständigem Durchleben. Ganzheitliches Durchleben schafft Gleichgewicht und lässt uns nicht irgendwann auf der Schlagseite landen, weil wir immer nur am Stärke-Modell gebaut haben.

Mein Heulen ist mir in diesen Wochen ein Ventil. So viel Druck ist in mir. Der muss irgendwohin. Spricht mich jemand freudig von der Seite an und meint, dass es ja nun bald losgehen würde, strahle ich nicht zurück. Sondern kämpfe damit, meine Tränen zu verbergen. Es ist der Wahnsinn. Es ist verrückt. Ich erkenne mich selbst nicht wieder. Was ist nur los? Wo kommt das alles her, was da raus will? Und warum? Ich habe keine Ahnung. Ich verstehe nichts. Und mich selbst am allerwenigsten.

 ## Freundin MAN

Sten sehe ich in diesen Tagen wenig. Besonders am Wochenende springt er um sieben Uhr aus dem Bett. Was sonst nie seine Art ist. Schlüpft in seine graue Arbeitskombi und verschwindet. „Ich fahre zu MAN", ruft er mir zu und ist weg. Ich könnte mich fragen, ob seine neue Freundin besondere Vorlieben für Werkstattkleidung hat. Lasse es aber lieber. Ist sowieso gerade etwas angespannt, unsere beiderseitige Stimmung. Wir sind komplett mit uns selbst beschäftigt. Da kann ein einziger Tropfen zu viel des Guten sein. Nein, Sten fährt zur Frühschicht in die MAN-Werkstatt und verdingt sich dort als „Azubi". Der MAN wird der Dritte in unserem Bunde sein. Mit ihm wollen wir auf große Tour. Sten lernt nun mühsam über eigenes Ausprobieren, wie er Teile des „Leos" auseinander und im günstigsten Fall wieder zusammengebastelt bekommt. Ich bin ihm unendlich dankbar dafür, dass er sich dieses Themas so intensiv annimmt. Wer weiß, wie oft wir unterwegs dieses Wissen brauchen werden. Ich mag den „Leo". Doch er ist mir in seinen technischen Dimensionen eine Nummer zu gewaltig. Ich habe nicht das Gefühl, ihn beherrschen zu können. Ich zolle ihm mehr Respekt, als dass ich mich als seine Führerin ansehe.

 ## Truckerbraut

Was doktere ich herum? Schleiche um das Thema „LKW-Führerschein" drum herum. Ich will ihn fahren können, den „Leo". Nun, da klar ist, dass er mit uns, oder wir mit ihm, unterwegs sein werden. Seinen Namen haben wir ihm verpasst, weil der MAN-Löwe in unseren Ohren so heißt, „Leo". Das mit dem Fahren ist keine Frage. Doch wie bitte soll ich die Zeit finden, um zu den Stunden zu gehen, für die Prüfung zu lernen, diese dann auch noch zu bestehen. Später Fahrstunden zu nehmen, um tatsächlich zu fahren?

Eine Fahrschule habe ich gefunden. Die Jungs sind nett. Das könnte passen. Trotzdem schiebe ich an dem Starttermin herum, als wäre ich nicht längst knapp dran. Fragt mich jemand, ist meine einstudierte Antwort: „Ich mache das lieber kurz vor der Abfahrt, dann sind alle Informationen noch frisch". Nun endlich nimmt mich mein eigener Ehrgeiz zur Seite und redet auf mich ein, die Sache doch in Angriff zu nehmen. Streng geschaut hat er dabei. Ich bin ganz seiner Meinung und lege los. Theoretisch. Das wiederum hat nicht nur mich gefreut, sondern auch Sten. Ich denke, er spürt, dass ich es nun wirklich ernst nehme mit unserer Abfahrt und so. Die Schulstunden sind köstlich und in Häppchen gepackt. Als einzige Frau sitze ich umringt von Männern. Ein paar derbe Witze am Anfang. Einige verstohlene Blicke zu mir, um meine Reaktion abzuchecken und dann ist klar: Ich bin aufgenommen in die Runde der Spaßmacher.

Ich lerne, wie ich Ladung sichere, Lenk- und Ruhezeiten berechne, Chemikalien durch Europa transportiere, Schubkräfte abfedere, Bremskraftverlust bemerke und behebe und viele andere kleine und große Dinge, von denen ich noch nie zuvor in meinem Leben auch nur einen klitzekleinen Schimmer gehabt habe. Ich finde es spannend. Doch ob es mir jemals gelingen wird, die Theorieprüfung zu bestehen, ist mir eine große Frage. Übe ich zu Hause, die Fragebögen zu beantworten, geht das regelmäßig schief. Meine Logik scheint eine andere zu sein als die der Antwortmöglichkeiten. Ich habe nur eine einzige Chance. Ich muss die achthundert Fragen und ihre dazugehörenden Antworten auswendig lernen. Was für ein Vorhaben. Ich lege mir eine App für das iPad zu, was ich ab nun überall mit mir führe. Jede Warteminute, jede Autofahrt, jeden Saunabesuch nutze ich, um zu lernen, oder besser, mich selbst wie eine Stopfgans zu füllen.

Der Tag der Prüfung rückt näher. Der entscheidende Morgen ist erreicht. Ich sitze vor einem Computer, bekomme meine CE-LKW-Fragen freigeschaltet und los geht es. Ich setze meinen Tunnelblick auf und beantwortete mechanisch, wie ich es gelernt habe, jede einzelne Frage. Und bestehe! Was fällt mir für ein riesengroßer Stein vom Herzen? Ich bin erleichtert, fühlte mich leicht und befreit. Der erste Schritt hin zu meinem LKW-Führerschein ist getan. Meine Freude und Euphorie hält an, bis ich erneut merke, keine Zeit für lange Partys zu haben. Die Zeit drängt, die Praxis wartet. Weiter gehts. Wieder Zeiten frei schaufeln, um die Stunden in meinen vollgestopften Arbeitsalltag irgendwie hineinzupressen.

Das Wetter meint es in diesem Jahr gut. Es ist lange warm. Sicher ein lustiger Anblick, wie ich in meinen kurzen Kleidern und den schweren, stabilen Schuhen ins Fahrerhaus des Lern-LKWs klettere. Mein Lehrer und ich, wir machen es uns gemütlich. Er hat offensichtlich Freude daran, sich von mir durch die Gegend schaukeln zu lassen. Ich mag seine unaufgeregte, lockere Art, die mich unverkrampft fahren lässt. So dass ich auch mal den Motor am Berg abwürge oder eine Kurve so eng nehme, dass ich um ein Haar die Autos am Straßenrand mitnehme. Kleine Schweißausbrüche auf seiner und meiner Seite und weiter geht es. Rückwärts einparkend, vorwärts fahrend, Rampenauffahrten bewältigend, die Autobahn entlang und kurvige Landstraßen passierend, ohne ein „LKW-verboten"-Schild zu übersehen, bestehe ich auch die praktische Prüfung auf Anhieb. Was bin ich stolz wie Bolle! Ich hab es geschafft und darf unseren „Leo" nun offiziell lenken.

Pässe, Visa, Stempelkasten

Der Kampf um unseren Abfahrttermin ist ausgetragen. Alle haben sich an den neuen Termin gewöhnt, in der Familie, unter unseren Freunden, in der Firma. Der Turbo dreht einfach alles und jeden um uns herum. Zeit auch, um nun über die konkreten Monate in den einzelnen Ländern zu reden. Zumal ab jetzt alles extrem zusammen geschoben ist, was unsere verbleibenden Wochen zu Hause angeht. Mir ist, als wäre ich mit einem Mal vom September in den Dezember gesprungen, was mein Zeitgefühl betrifft. Wieder einmal helfen uns Post-it-Zettel, auf die wir unsere geplanten Länder schreiben. „Österreich, Italien, Fähre Mittelmeer,

Griechenland, Türkei, Iran, Turkmenistan, Kasachstan, Usbekistan, Kirgistan, Tadschikistan, Russland, Mongolei, China, Laos, Kambodscha, Thailand, Malaysia, Singapur" notieren wir auf den einzelnen Zetteln und verteilen sie auf dem Boden.

„Start 26.12.2015, Januar, Februar, März, April, Mai, Juni, Juli, August, September, Oktober, November, Dezember" schreiben wir auch auf und versuchen, die achtzehn Länder irgendwie mit den zwölf Monaten zusammenzubekommen. Es wird Länder geben, in denen sind wir einen Monat lang. Und andere, da sind wir kürzer. Anders geht es nicht. Also, die herauspicken für jeweils einen Monat und die anderen drum herum gebastelt. Vier Wochen in einem Land. Das hatten wir noch nie. Was wollen wir da so lange machen? Ist uns beiden ehrlich gesagt nicht wirklich klar. Na egal. Es gibt ein paar Varianten, mit denen sich Sten nun wieder ans Telefon hängen kann, um sie mit Herrn Lindenau von der Visum-Centrale Berlin zu besprechen. Er ist unser Mann, der versprochen hat, uns alle nötigen Visa zu besorgen. Wir sollen ihm nur ausreichend Passbilder und die Pässe zusenden. Mehrere. Na eben. „Passbilder" steht ja auch an unserer Zettel-Schranktür. Achtzehn Länder, für jedes zwei Passbilder und dann noch welche als Reserve. Ich lasse mir fünfzig Stück anfertigen. Gleich morgen.

Pässe, Herr Lindenau braucht bald unsere Pässe! Wir wollten das Thema drei Monate vorher in Angriff nehmen. Das wäre Anfang Dezember gewesen. Nun ist aber eben mal alles von einem Tag auf den anderen gekippt. Also, Pässe. Wir brauchen die jetzt sofort. Einen Pass haben wir jeder. Dumm nur, dass da ein Stempel aus Israel drin klebt. Mit dem kommen wir definitiv nicht in den Iran. Wir brauchen einen Zweitpass. Das muss ja irgendwie gehen. Hab ich zumindest schon mal gehört.

Bevor ich mich auf dem Bürgeramt komisch von der Seite angehen lasse, schlage ich lieber mal das Internet auf und lese nach. Zweitpass scheint kein Problem zu sein. Das sollte klappen. Irgendwo steht sogar, dass es Fälle gibt, in denen einem ein Drittpass ausgehändigt wird. Einzig für den Fall einer Weltreise. Und nur auf schriftlichen Antrag hin. Das wäre ja toll, falls das ginge. Dann hätten wir mit dem Zusenden der nächsten Visa immer nach drei Monaten überhaupt keine Schwierigkeiten. Dann würden wir zwei Pässe nach Berlin zu Herrn Lindenau senden und er schickt sie uns zu, sobald wir sie brauchen. Das Thema ist nämlich, dass jedes Visum maximal drei Monate vor Ende seiner Gültigkeit ausgestellt werden kann. Was bedeutet, dass wir uns eben jetzt nicht alle Visa mit einem Mal besorgen können. Sondern das nur gestaffelt geschehen kann.

Ämter-Tag. Ich stelle mich der Herausforderung. Ziehe eine Nummer, merke, dass ich gut noch ein paar Einkäufe auf dem Markt erledigen kann, bevor ich an der Reihe sein werde. So vergeht die Zeit schneller und wir haben gleich etwas zu essen am Abend. Auch nicht schlecht. Als ich wiederkomme, sind die aufgerufenen Nummern näher an meine herangerückt, doch immer noch weit genug entfernt, um mit Freunden zu telefonieren. Schön, einfach mal so mitten am Tag. Mach ich ja sonst nie.

Später. Meine Nummer prangt an der Digitalanzeige. Ich bin dran. Bringe mein Anliegen vor. Erzähle von unserer geplanten Reise, davon, wo es alles hingehen soll. Und dass ich dafür neben meinem Pass, den ich bereits besitze, zwei weitere benötige und die jetzt hier beantragen möchte. Die Frau mir gegenüber findet das Vorhaben toll und will mir helfen. Doch von drei Pässen pro Person hat sie in ihrem Leben noch nicht gehört. Ich bin mir meiner Sache sicher. Komme kein wenig ins Schwanken. Was sie veranlasst, ihren Chef zu fragen. Sie bleibt lange. Ich warte. Lange. Doch tatsächlich kommt sie zurück. Und tatsächlich hat ihr Chef bestätigt, dass es diese Ausnahmeregelung gibt, aber eben nur äußerst selten zur Anwendung kommt. Ich solle doch bitte handschriftlich erklären, warum ich drei Pässe bräuchte. Wenn dem stattgegeben wird, werde ich sie in einigen Tagen in Händen halten. Schön. Alles ganz unkompliziert. Und es klappt am Ende sogar.

Navigator, bitte kommen

Es fließt jetzt alles ineinander. Wie kurz vorm Ertrinken paddeln wir beide umher und versuchen krampfhaft, einzelne Themen so weit voranzubringen, dass endlich diese verdammten Zettel am Schrank weniger werden. Es macht uns ganz verrückt. Jeden Morgen und jeden Abend sehen wir sie wieder und können nicht verstehen, warum sie anscheinend nicht weniger werden. Obwohl wir uns doch beide drehen wie Brummkreisel. Jeder hat jetzt nur noch ganz klar seine Themen und sagt dem anderen, wenn etwas davon erledigt ist.

Sten ist nach wie vor oft in der MAN-Werkstatt. Irgendetwas funktioniert nicht. Es hält ihn auf. Ist aber wichtig. Also kann er es nicht lassen. Was es ist? Ganz ehrlich, ich weiß es nicht. Er hat es mir bestimmt schon dreimal erzählt. Ich habe es vergessen. In meinem Kopf ist kein Platz mehr. Für nichts. Gemeinsam fahren wir trotzdem zu einem Wochenendseminar. Um zusammen zu lernen, wie wir uns navigieren. Dann, wenn die Straßenkarten Mitteleuropas sich lange verabschiedet haben. Wenn wir peilen und uns irgendwie orientieren müssen. Auch dann, wenn kein Satellitenempfang zustande kommt. Ich verstehe eigentlich nur „Bahnhof". Doch ich weiß, wie wichtig die Navigation für uns ist. Also nehme ich meine ganze Konzentration zusammen, schreibe mit, probiere aus, versuche mir einzuprägen, was ich begriffen habe. Der freundliche Mann, der sich ein ganzes Wochenende lang mit uns hinsetzt und geduldig erklärt, tut mir fast leid. So zerfasert, wie ich uns beide gerade von außen wahrnehme. Ich glaube, wir stellen jede Frage mehrmals. Und dann auch noch beide. Gruselig. Okay, wenn alle Stricke reißen, haben wir immer noch unseren dicken Ordner, in dem alles Wichtige drin steht. Falls wir einen Blackout haben.

Sonntagabend, wieder zu Hause angekommen, gehe ich sofort alle Länder durch, die wir bereisen wollen, und schaue online nach, welche Papierkarten es da jeweils gibt. Ich habe plötzlich das Gefühl, dass es mir zur groben Orientierung hilft, von jedem Land überhaupt erstmal 'ne Karte in den Händen zu halten. Bei allem digitalen Hin- und Her-Geschiebe, bei dem wir dann schon lange nicht mehr wissen, wo wir überhaupt sind, glaube ich, kann es uns helfen, wenn ich dann auf meine Papierkarte schaue, um wieder einen groben Überblick zu bekommen.

 ## Alles nicht meins

Ich fasse einen Entschluss. Der klingt vielleicht komisch, lächerlich, hochgestochen. Ist mir alles vollkommen egal. Mir reicht das jetzt irgendwie. Überall erkundige ich mich, lese Bücher und Blogs, recherchiere im Internet. Alles das Gleiche. „Super-Chance", „Möglichkeit des Lebens", „Euphorie" und, und, und. Kann ja alles sein. Hatte ich auch alle, diese Gefühlsausbrüche und Höhenflüge. Doch nun, was ist jetzt? Ich fühle mich am Boden liegend, habe 'nen Haufen Schiss. Angst, irgendwen und irgendwas zu verlieren, und weiß einfach nicht, warum ich losfahren wollte. Was war die Idee? Klar ahne ich sie. Bin nicht vom Vergessen geplagt. Doch momentan ist alles dunkel, wackelig und äußerst fragil. Mag sein, dass das außer mir niemandem so geht, im Vorfeld einer so großen Reise, auf dem Landweg in Richtung Osten. Dann ist es eben so. Dann bin das nur ich. Ist mir auch egal. Auf jeden Fall schreibe ich es auf. Schreibe darüber, wie es mir wann ergangen ist und ergeht. Ich bin mir nicht zu fein dazu. Zu verlieren habe ich nichts. Mein Entschluss steht!

Ich schreibe ein Buch darüber. Mit allen Höhen, Tiefen, Seitwärtsbewegungen und Ausweichmanövern. Dann sind die Gedanken einfach mal ausgesprochen und geistern nicht ratlos und wild in mir herum.

Freude keimt in mir auf. Und das heute, an einem Tag, der alles andere als rosig für mich ist. Schließlich gehts bald los. Und ich habe mich gerade vollkommen verfitzt im Netz meines Lebens hier, welches ich einfach nicht gehen lassen will. Mist.

 ## Kassensturz

Ein Reisekonto brauchen wir noch. Eines, was vor allem im Ausland gut funktioniert. Wenn denn Geld darauf ist. Sten kümmert sich. Um das Konto. Er entscheidet sich für die DKB. Um die notwendigen Kreditkarten für uns beide. Um die Überweisungen auf das Konto. Schön. Wieder was erledigt.

Mich schmerzt noch ein Thema sehr. Und zwar meine Versicherungen. Wenn ich ein Jahr lang kein Geld verdiene, muss das, was an laufenden Kosten dahinschmilzt, definitiv weniger werden. So wie es momentan ist, komme ich nicht durchs Ziel. Was bleibt? Ich nehme mir über ein ganzes Jahr hinweg alle Kontoauszüge vor und schaue, was das alles haargenau ist. Überweisungen für Zeitungen, Yogastudiomitgliedschaft und die monatliche Ansparung für die Reise kann ich sofort stoppen. Doch der gewaltigste Posten sind alle möglichen, über die Jahre angehäuften Versicherungen. Die alle ihren Zweck haben und hoffentlich auch ihren Sinn, doch mir in den kommenden zwölf Monaten die Luft zum Atmen nehmen. Das Erkennen und unseren Finanzberater anrufen ist quasi eins. Ob denn so etwas auch mal gestoppt werden kann, frage ich ihn.

Kann ja auch sein, dass mal jemand in eine finanzielle Schieflage gerät, dann muss es ja auch Lösungen geben, denke ich mir so. Er meint, da ginge sicherlich irgendetwas zu machen. Wir müssten uns das im Detail gemeinsam ansehen. Also vereinbaren wir einen Termin. Hm. Noch nicht erledigt. Der Zettel muss noch hängen bleiben. Schade.

Ein paar Tage später treffen wir uns. Gehen jede einzelne Position gemeinsam durch. Stornieren ganz wenig, lassen die wichtigsten Dinge wie Krankenversicherung weiter laufen und setzen die Zahlungen aus, bei denen es möglich ist, ohne dass das Leistungspaket jeweils darunter leidet. Hui, was fällt mir für ein Stein vom Herzen. Wieder addiere ich meine laufenden monatlichen Kosten und bin überglücklich, als ich die neue Summe sehe. Das passt! Der Zettel kommt mit einer großen Geste runter von der Schranktür. Juchhu.

Ach ja. Kontobevollmächtigte. Das wäre auch noch wichtig. Mensch. Wie machen das nur andere, die 'ne lange Reise planen? Haben die auch so den Buckel voll mit Erledigungen? Ich weiß es nicht. Auf jeden Fall ist es mir wichtig, für den Ernstfall Bevollmächtigte bestimmt zu haben, die handeln können, wenn es nötig wird. Drei Personen meines größten Vertrauens suche ich mir aus. Bespreche mein Vorhaben mit ihnen, sammle Unterschriften und Passkopien ein, fülle die Anträge aus und gebe alles zusammen zur Bank. Wieder etwas erledigt.

 Wunderheilerin

Wie soll ich gesund bleiben bei dem ganzen Stress, den ich gerade verspüre? Mein Job läuft auf Hochtouren. Ich möchte meine Projekte noch alle zu einem guten Ende bringen. Das ist mein

Anspruch an mich selbst. Die zwei Monate fehlen mir sehr. Ich habe noch einiges an Themen neu angefangen in dem Gedanken, bis Jahrsende komplett durchzuarbeiten. Nun sind einfach die offenen Themen da, doch die Stunden dafür weg. Ich beginne am Morgen immer zeitiger, Termine zu vergeben. Hänge am Abend mehr und mehr dran. Alles andere läuft irgendwie. Ich weiß nicht, wann und wie. Unsere gute Freundin Kati, sie ist Ärztin in Australien, war schon vor Monaten so lieb, mit mir einmal von oben nach unten den gesamten Körper durchzugehen und dabei alle nur denkbaren Krankheitsbilder aufzuschreiben. Von Verbrennung über Mittelohrentzündung bis hin zu Durchfall und verstauchten Gelenken steht alles auf meiner Liste. Fein säuberlich nach Körperteilen untergliedert. Doch weiter bin ich bisher noch nicht gekommen. Kati ist wieder in Australien. Also nicht da, um am Küchentisch zusammenzusitzen und zu klönen. So von Ärztin zu möglichem Zipperlein.

Doch ein anderer guter Freund, Niels, er ist Arzt für innere Medizin, nimmt sich meiner an. Bei einer leckeren Tasse Tee setzen wir uns am Wochenende zusammen, nehmen uns Katis Auflistung zur Hand und schreiben hinter jedes Symptom eine Nummer. Diese Nummern schreibt Niels auch auf seine Medikamentenliste, für die er mir die Rezepte ausstellt. Unser System funktioniert ganz einfach. Wird einer von uns unterwegs krank, schaue ich in der Symptomübersicht nach. Dahinter finden sich eine oder manchmal auch mehrere Zahlen, die ich wiederum auch auf die Präparat-Packungen schreibe. So dass ich sie im Ernstfall schnell zuordnen kann. Ich habe von Medizin keine Ahnung. Werde aber unterwegs diejenige sein, die wissen muss, was wir tun, wenn sich einer von uns schlecht fühlt.

Die Apothekerin staunt nicht schlecht, als ich mit meinem Stapel an Rezepten auftauche. Und wir haben gemeinsam Spaß, als wir Tage danach jede einzelne Packung durchgehen, mit dem Rezept vergleichen und mit der Nummer versehen, die auf meiner Wichtig-Liste steht. Es klappt. Unser Kati-Niels-Apothekerin-System funktioniert. Ob es unterwegs den Härtetest besteht, wird sich zeigen. Ich hoffe es jedenfalls. Denn immer, wenn etwas im Argen liegt, muss ich die entsprechende Hilfe finden. Dem Vorsatz, werde unterwegs einfach nicht krank, zu folgen, ist die Superlösung. Doch genau dafür packe ich alle Medikamente ein. Es ist ganz einfach wie mit dem Regenschirm. Den nehme ich auch mit, damit es NICHT regnet.

Dieses ganze „Medizinthema" will und will nicht aufhören und enden gleich gar nicht. Ein dicker Brocken wartet noch auf uns. Die Impfungen. Was liebe ich es, bei Ärzten im Wartezimmer zu sitzen. Und dann auch noch, um mir Schmerz zufügen zu lassen. Schon eigenwillig, wir Menschen. Doch Impfungen müssen sein. Glauben wir. Da sind wir uns einig. Ich frage umher. Wer jemanden kennt, der jemanden kennt, der sich mit Impfschutz auf diesem weiten Weg auskennt. Und stoße auf einen Arzt, der sich darauf spezialisiert hat. Nun ist es mit Spezialisten eben immer so eine Sache. Wenn sie gut sind, haben sie so viel zu tun, dass es ewig dauert, einen Termin zu bekommen, ewig auch, bevor wir in seine Sprechstunde vorgerückt sind. Ganze vier Stunden warten wir. Leider zu lang für mich. Ich muss los. Habe in Stuttgart einen Termin. Sten wartet allein weiter, um ihm unsere Route und die Art unseres Reisens nahezubringen. Denn im Freien sein heißt eben auch, Tollwut ins Auge zu fassen. Unter Einheimischen zu leben, kann bedeuten, dass wir von Krankheiten umgeben sind, die bei uns in Mitteleuropa schon lange keine Rolle mehr spielen. Gut. Er verspricht uns, eine Liste der notwendigen Impfungen zusammenzustellen. Zum Impfen selbst gehen wir lieber zu unserer Hausärztin des Vertrauens. Da geht es schnell und unser Weg ist kurz. Denn ab jetzt, Anfang November, sitzen wir jede Woche aufs Neue da, um die nächsten Injektionen in unsere rechten und linken Arme stechen zu lassen.

Eigentlich ganz schön knapp, diese zeitliche Kiste. Hätten wir früher damit angefangen, wäre es jetzt nicht so geballt. Doch allein gegen Tollwut müssen wir drei Mal geimpft werden. Nicht jede Impfung verträgt sich mit der anderen. Oder ein gewisser Zeitabstand muss eingehalten werden. Eine ganz schöne Knobelaufgabe bis unser Impfplan steht und nun abgearbeitet wird. Das geht so: Ich sage Sten am Morgen, dass wir heute Nachmittag wieder zum Arzt gehen. Wie ein kleiner Junge zieht er 'ne lange Lippe mit den Worten „Schon wieder?". Später gehen wir zur Apotheke, in deren Kühlschrank seit Wochen alle unsere Impfstoffe stehen. Die Apotheker haben die gleiche Liste wie wir. Beide streichen wir ab. Bezahlen müssen wir nicht. Das haben wir gleich zu Beginn der Aktion komplett gemacht. War ein Hammer. Doch was hilft es? Was muss, das muss. Unsere ein, zwei, selten drei Impfstoffe pro Besuch tragen wir aus der Apotheke in die Praxis. Übergeben sie der Schwester. Die streicht in ihrer Liste ab. Und weiter. Ich bestehe darauf, jedes Mal als Erste an die Reihe zu kommen. Das steckt so in mir drin. Manche zögern Unangenehmes lieber etwas hinaus. Ich hab es gern schnell hinter mir und bin dann fertig. Eine Woche vor Weihnachten bekommen wir unsere letzte Dosis. Alles gut gegangen. Nur zum Yoga konnte ich seit Wochen nicht gehen. Oder wenn, dann hingen meine Arme wie Seile an mir herunter. Frisch geimpft konnte ich Armbewegungen komplett vergessen. Und die sind nun mal beim Yoga so ziemlich alles.

Eine Woche vor Weihnachten bedeutet quasi auch eine Woche vor Abfahrt. So ihr lieben Krankheiten, wir haben uns wirklich um euch gekümmert. Ihr habt alle Aufmerksamkeit bekommen, die nur möglich ist. Beim Zahnarzt waren wir beide noch mehrmals. Beim Frauenarzt war ich alleine. Sten hatte keine Lust ;). Also lasst uns bitte unterwegs in Ruhe. Wir haben da echt genug anderes um die Ohren!

Mein kleiner gelber Koffer

Zettelkram, Abhake-Listen, Impfausweise, Visaantrags-Stapel. In meinem Mund schmeckt es nach trocknen Holzfasern. In meinem Koffer knistert und raschelt Blatt an Blatt. Stapel reiben sich an Papierbergen. **Papierloser Koffer – das wird wohl nichts.** Reisen ohne Plan. Vielleicht beim nächsten Mal.

Riesenmembran

Sinn, was ist Sinn, was ergibt einen Sinn? Was ist das, was Sinn macht und was sind die Sinne? Von Sinnen sein. Ist das das Gleiche, wie Sinnlosigkeit, also ohne Sinn zu sein? Wohl nicht. Oder doch? Oder manchmal? Wie sinnig.

Heute ist ein beschissener Tag. Ist er sinnlos? Welchen Sinn hat es gemacht, dass mir den ganzen Tag Tränen über das Gesicht gerollt sind? Was ist der Sinn hinter all meinen Tränen? Ist es Druck, der entweicht? Ist es die in mir angestaute Angst, die sich ihren Weg nach draußen sucht? Ja, ich spüre, dass ich da jetzt durch muss, bevor ich an dem Neuen, Hellen ankommen kann. Ziemlich steiniger Weg, den ich da gerade gehe. Ich hoffe, irgendwann den Sinn erkennen zu können. Was ich mir sehr wünsche ist, dann wieder fröhlich, lustig und lebensfroh zu sein. Seit einem halben Jahr habe ich das Gefühl, in so 'ne dauergraue Zone eingebogen zu sein. Die mir genauer anzuschauen, macht wohl Sinn für mich. Also gehe ich es an. Doch heute schlafe ich erst einmal. Ich fühle mich hundemüde und schlapp. Und ich bin traurig darüber, dass ich so traurig bin. So ist das heute. Sinnlos.

Eine Schallmauer scheint durchbrochen. Oder besser, ich stehe noch vor der Membran. Drücke immer wieder mit der Hand dagegen. Auch mal mit meinem ganzen Körper. Doch lieber nicht zu stark. Nicht, dass sie am Ende noch reißt. Das ist das, was ich gerade gar nicht will. Ist sie zerstört, heißt es, der Dezember hat begonnen. Der letzte Monat, kein Puffer mehr. In nichts. Ede, wach auf. Hab dich nicht so. Der Bogen ist seit langem überspannt. Die einzige Möglichkeit ist, nun bald zu starten. Das Daraufhin-Fiebern hält ja auch kein Mensch mehr aus. Es MUSS losgehen. Gib dir 'nen Ruck. Durchstoße die Membran. Es IST Dezember!

Ich merke es. Habe noch eine Woche lang Termin an Termin. Kommende Woche nur noch vereinzelt. Das war es dann. Vorerst. Der lange Abschied ist schön. Doch der lange Abschied strengt mich auch an. Die Worte vor dem Gehen sind in diesen Tagen immer tiefgreifender als sonst. Die Wünsche, die ich höre, sind die, die sich die Sagenden selbst so sehr wünschen. Ich erkenne es an der Wortwahl, den Gesten, dem Ausdruck in den Gesichtern. Ich bin gerührt. Mir geht das nah. Immer wieder.

Blöd ist, dass ich mir manchmal vorkomme, als stünde ich gerade auf meiner eigenen Beerdigung. Das ist kein Witz. Das ist mein Eindruck. Und am Ende ist es hoffentlich nicht die Beerdigung im allgemeingültigen Sinne. Und doch ist mir klar, dass sich alles verändern wird, ich, die Situationen, die Beziehungen, die Sichtweisen. ALLES wird anders sein, wenn wir uns wieder begegnen. Ich mache da keinen Hehl daraus. Und werde mir in dem Moment des Darübernachdenkens bewusst, dass haargenau DAS meine allergrößte Angst ist. Es ist meine Angst vor der Veränderung.

Ha, ha. Ich, die ich Veränderungsmanagement verkaufe. Es ist mein Business. Ich stehe da und schlottere wie Espenlaub. Und begreife, dass ich, falls ich da irgendwann mal durch sein sollte, auf einer völlig neuen Stufe verstanden haben werde, was Veränderung tatsächlich bedeutet. Das gibt 'ne neue Dimension. Auch im Job. Wenn ich den dann noch habe. Ist ja alles im Prozess. In Veränderung. Ach du meine Güte. Worauf habe ich mich da verdammt nochmal nur eingelassen?

Päckchen packen

In unserer Wohnung kann ich seit Wochen kaum noch treten. Überall liegt Zeug herum, was „mit soll". Andere Häufchen sind „zur Auswahl". Wieder anderes „kommt hinter" bzw. „kommt vor", „kommt hoch". Es ist der Wahnsinn. Eigentlich wollen wir nur ganz wenig mitnehmen. Es ist doch gerade eine unserer Übungen, mit wenig auszukommen. Und warum bitteschön bedeutet das, dass ich keinen freien Meter mehr am Boden sehe? Da läuft was schief. Doch ich scheine den Durchblick verloren zu haben. Nerven und 'nen klaren Kopf, um logisch auszudünnen, habe ich schon lange nicht mehr. Also bleibt das jetzt so. Und gut.

Eine große Fuhre kommt sowieso noch on top. Denn heute fahre ich einkaufen. Meine Liste ist lang an all dem, was ich besorgen will. Waschzeug, Pflegemittel aller Art, Büchsen in rauen Mengen, Müllsäcke, Toilettenpapier, Ohropax, Marmeladen, Mehl, Hefe, Nudeln. Ach, was weiß ich. Was mir in den letzten Wochen alles eingefallen ist. Ich stelle mich darauf ein, für ein Jahr Zahnpasta zu brauchen. Und das ist mit allem anderen genauso. Dann sind wir unabhängig. Können mal irgendwo lange stehen. Keine Ahnung, in welche Situationen wir alles geraten werden. Und, ohne Quatsch, ich sehe uns auf irgendwelchen Riesenflächen weitab jeder Zivilisation stehen und aus irgendeinem Grund nicht weiterkommen. Für genau den Fall will ich Vorsorge betreiben. Und uns dann gut bekochen können.

Das Einräumen im Leo macht mir Spaß und lässt Leo und mich näher zusammenrücken. Ich richte mich ein. Stelle meine Bücher ins Regal, verstaue die kleinen Geschenkchen, die ich mir für unterwegs ausgedacht habe. Finde ich nicht so einfach, etwas zu finden, was nützlich ist und den Leuten Freude bereitet. Klingt jetzt vielleicht ulkig. Doch ich habe Kartoffelschäler besorgt und kleine feine Opinel-Taschenmesser. Ich mag die selbst sehr gern und bin gespannt darauf, in welchen Situationen wir die irgendwann herauskramen. Mache es uns noch lange nicht gemütlich. Doch finde es ein wunderschönes Gefühl, als alle Büchsen ihren Platz im Schrank gefunden haben, die Kalender hängen, die Töpfe gestapelt auf die Abreise warten. Und endlich, endlich wieder Platz in unserer Wohnung wird. Sten packt seit Wochen. Die Kisten auf dem Dach, seine Seitenfächer, die „Garage". Ich glaube, alles war inzwischen schon einmal an jedem Platz, bevor es so langsam der Stelle entgegenstrebt, wo es bleiben wird. Echt ein Findungsprozess. Ich IM Leo. Sten AUSSEN. Als richteten wir uns ein kleines Häuschen ein. So beschäftigt sind wir. Nestbau auf ganz andere Art.

 ## Angekurbelt

Oh Gott, das Motorrad. Ich habe es gefühlt nun schon zehn Mal hoch und wieder runter gekurbelt. Mit Holzklotz dahinter, ohne Holzklotz davor. Mit Sandblechen als Auflage, oder Sandbleche doch lieber ganz woanders hin? Das Ersatzrad als Anschlag, mit Schutz, damit nichts reibt. Doch wissen wir wirklich, welche Kräfte auf den Pisten wirken? Wie es da rumpelt und scheppert? Ich glaube, das ist ein Anfang hier. Bin gespannt, wie sich unsere Superkonstruktion noch verändert. Im Laufe der Monate.

Ich kurbele mechanisch, wie ich fast alles gerade einfach mechanisch mache. Mein Gefühl hat sich schlafen gelegt. Oder ich hab es versehentlich mit in eine der Kisten gesteckt. Auf jeden Fall ist es weit weg von mir. Wie abgetrennt.

 ## Winkekatzentage

Der Tag des Abschiednehmens rückt immer näher. Vor Monaten war es die Jahreswende, die uns am Silvestertag unmissverständlich spüren ließ, dass nun jeder Tag einen Tag näher in Richtung Abschiednehmen weist. Vor Jahren haben wir gesagt, irgendwann. Und nun ist jeder Monat der Letzte. Eine so große Reise ist eine Zäsur. Es gibt ein Davor, ein Währenddessen und ein Danach. Alle kommenden und vergangenen Ereignisse werden wir zukünftig in Beziehung zu der Reise setzen. Ich höre uns schon heute sagen: „Das war im Jahr vor unserer Reise …“

So lange bin ich nun schon unterwegs in meinem eigenen Leben und doch fühle ich mich wie ein kleines Mädchen, welches auf seinen gepackten Taschen sitzt, die saubere weiße Strumpfhose an den Beinen, an den Füßen die neuen hellblauen Lackschuhe und die Haare frisch zu Zöpfen gekämmt. Das kleine Mädchen in mir freut sich auf das Abenteuer und ist doch unendlich aufgeregt, ja verschreckt und traurig, die Familie, das gewohnte Haus und all die winkenden Freunde zu verlassen.

Die winkenden Freunde. Was für ein Akt. Ein Abschiedsfest. Ich möchte es ganz unbedingt. Sten ist jetzt nicht ganz so wild darauf. Und wenn, dann wäre es ihm die größte Freude, wenn wir mitten in der Feier aufspringen, zum Leo gehen, den Motor starten und losfahren. Und alle Gäste feiernd zurücklassen. Zu jeder anderen Zeit meines Lebens fände ich die Idee vielleicht sogar lustig. Doch nicht jetzt. Nicht als die Heulsuse, die ich gerade bin. Der das Abschiednehmen schwerfällt wie sonst was. Sten würde lieber unsere Rückkehr feiern und nicht das Weggehen. Verstehe ich und trotzdem will ich es anders. Kein lautes Tamtam-Fest. Keine rauschende Party. Unsere Freunde möchte ich einladen. Ein gemeinsames Weihnachtsessen stelle ich mir vor. Mit vielen großen Kerzenleuchtern, weiß gedeckten Tischen, weihnachtlichem Licht und einem leckeren Gänsebraten-Klöße-Essen mit Bratäpfeln zum Nachtisch. Und gefüllten Rotweingläsern, bis der Morgen graut.

Was ich mir davon verspreche? Ich glaube, um so für mich selbst einen Punkt zu setzen. Ich brauche für mich selbst manchmal solche Zeichen. Symbole. Wie Wegweiser und Stoppschilder. Ich sehe mich selbst an der Reling stehen und entferne mich Meter für Meter. Das Gefühl mit mir nehmend, sie seien dabei. Sie sind mit uns. Auch wenn das natürlich die reine Illusion ist. Doch was bitte ist keine Illusion?

Das Fest tut mir gut. Es ist eine fröhliche Nacht. Eine Unbeschwerte. Wie Weihnachten in Großfamilien. Die Gespräche sind nicht theatralisch. Doch die Themen haben viel mit Träumen zu tun. Fast jeder erzählt von den eigenen. Ich finde es bemerkenswert. Als sei ein „Wünschestöpsel" gezogen. Und die blubbern und wabern nun zwischen uns allen umher. Breiten sich aus. Bestimmen die Worte. Geben die Atmosphäre. Das Augenmerk wendet sich ab von uns, taucht in die Tiefen der eigenen Sehnsüchte. Jeder traut sich, sie auszusprechen. Als sei ein Bann gebrochen. Ich bin fasziniert und glücklich. Weil ich Glück in diesem Moment als einen seltenen Zustand begreife, der mich die Einzigartigkeit unserer Freundschaften spüren lässt.

„Die Kreuzwege des Lebens gehen wir immer ganz allein …", ist eine Liedzeile von Reinhard Mey, die mich anscheinend schon mein ganzes Leben begleitet. Ich komme an meinen eigenen Kreuzwegen immer wieder auf sie zurück. Verstehe ihren Sinngehalt vom Erleben zum Erfahren tiefer. Und liebe die Zeile gerade wegen ihrer unverblümten Aufrichtigkeit. Dieses Abbiegen und Loslaufen ist einsam. Kämen alle mit, wäre es einfach ein fetter ausgelatschter Weg, den alle gehen. Doch an der Lichtung mit den vielen Pfeilen zusammenzustehen, gibt mir Kraft, meine eigene Richtung zu wählen und den Weg einzuschlagen, der mir als der meinige erscheint. In dem vollen Bewusstsein, dass eben nicht alle Freunde den gleichen Weg wählen werden. Dass sich manches trennt, anderes verändert, vielleicht auch intensiver wird im neuen Sich-Begegnen. Genau das ist mein Bild, während ich ganz dicht zusammenstehe mit meinen mir jetzt so nahen Freunden. Gemeinsam stehen wir auf der Lichtung. Nicht wissend, was kommt. Das macht den Augenblick sonderbar. Gibt ihm seine unwiederbringliche Einmaligkeit.

 ## Mein kleiner gelber Koffer

Abschiedswünsche, feste Umarmungen, Vorfreuen auf das Wiedersehen. In Seide schlage ich sie ein, die Gedanken an unsere Freunde. In ein Kästchen packe ich sie obendrein zum Schutz. Für schwere Momente unterwegs. Wenn mal nichts mehr gehen sollte. Briefe liegen darin, Worte, Gesten, Blicke. Schwerwiegend, in jedem Fall, doch leicht an Gewicht. Rechts oben im Koffer. Da, ganz in der Ecke.

? Letzte Kurve

Eine Frage bewegt mich.

Was war eigentlich in all den letzten Monaten? Die Arbeit, die mir so viel Freude bereitete und mich jeden Morgen freudig aus dem Bett springen ließ, hat mich getragen. Plötzlich war alles schön, alles war leicht, konnte ich alles genießen, was sonst so normal scheint. Treffen mit Freunden, durch die Stadt laufen, in welcher mir so viele Gesichter vertraut sind. Die Wochen hatten ihren Rhythmus, ihren Takt, immer wieder fügte ich mich gern dem Ticken. Diesem Ticken, welches ich mir selbst erwählt habe. So sprang, hüpfte, lief, fuhr ich von Termin zu Termin, von Verabredung zu Verabredung, von Treffen zu Treffen, von Besorgung zu Besorgung.

Alles hatte seine Fugen, sein Gerüst, seinen Ablauf, seine Routinen, seine Höhen und Tiefen.

Jahr um Jahr habe ich mich in diesem, meinem Kleidungsstück, was sich da mein Alltagsleben nennt, pudelwohl gefühlt.

Das nun vorerst abzustreifen, in die Schatzkiste zu legen, gut zusammengelegt, damit es keinen Schaden nimmt, dieses, mein alltägliches Leben. Das fordert Mut von mir selbst. Nun stehe ich frierend da, ohne passendes „Kleid", ohne Ticken und Hüpfen, ohne Verabredungen und Besorgungen. Eine große freie Fläche, ein neu zu bestellender Acker, ein Buch mit vielen leeren Seiten liegen vor mir. An mir ist es nun, den passenden Samen, die geeigneten Worte zu finden, all dem neues Leben einzuhauchen.

Durchdrehen

Werden wir niemals fertig? Warum hängen noch immer Zettel an unserem Schrank. Friseur, Zeitung abmelden, Putzfrau abmelden, kleine Geschenke verteilen, Adressen der Freunde zusammentragen, Wohnung aufräumen, Pflanzen verteilen, Schlüssel übergeben, Heiligabendessen vorbereiten … Nein, den Zettel nehme ich jetzt ab. Es wird mir echt zu viel. Ich kann nicht mehr. Warum muss ich nun auch noch den Ehrgeiz entwickeln und für alle kochen und braten, alles herrichten und machen? Ich greife zum Telefon, rufe Stens Mutti an und frage sie, ob sie die Vorbereitung des Weihnachtsessens übernehmen kann. „Na klar! Hab mich sowieso gefragt, wie du all das noch schaffen willst", ist ihre spontane Antwort. Was fällt mir für ein unglaublich großer Stein vom Herzen! Was bin ich nur so verschraubt und meine, ALLES allein hinbekommen zu müssen? Ede, lern doch endlich mal, „Nein" zu sagen!

Nah, nah, näher

In drei Tagen ist Weihnachten. Da haben wir die Hütte voll. Unsere Familie setzt sich nicht unter den Weihnachtsbaum. Warum? Ganz einfach. Den gibt es in diesem Jahr nicht. Paula, unsere Tochter, ist traurig darüber. Sie liebt Weihnachten. Und mehr noch die Stimmung in den Tagen davor. Ich weiß, dass ich ihr in diesem Jahr alles verhagele. Sorry, sorry, meine Liebe. Ich hole es nach. Später. Nach unserer gelungenen Rückkehr. Selig, dich dann wieder im Arm zu haben. Doch jetzt, nein, einen Baum aufbauen, um ihn zwei Tage später wieder abzubauen. Das wird nichts. Mir tut der Baum leid, für die kurze Zeit. Und wahrlich, ich habe anderes zu tun, als 'ne Stunde vor der Abreise noch den Baum abzuschmücken, in kleine Stücke zu zersägen, um ihn im Kamin zu verbrennen. Mir ist einfach nicht danach. Nicht nach heimeliger Stimmung, nicht nach Gemütlichkeit. Viel zu gefährlich für meine klapperigen Nerven, in diesen Stunden. Fünf Tage noch …

Es ist abends. Ich sitze mit Sten vor dem Gebilde, welches wir in diesem Jahr „Weihnachtsbaum" nennen. Ein Designerstück in Holzleistenoptik. Ein paar Teelichter habe ich darauf gestellt. Na ja. Sieht nett aus. Einen Rotwein genehmigen wir uns. Und atmen durch. Uns ist klar, dass wir keine fünf Tage mehr haben bis zur Abfahrt, sondern eigentlich nur noch schlappe zweieinhalb.

Dann ist Heiligabend und bis dahin muss einfach alles fertig sein. Dann bevölkert unsere Familie die Wohnung. Da kann es hier nicht mehr aussehen wie Kraut und Rüben. Und danach wieder mit Packen anzufangen, fühlt sich beschissen an. Dann können wir Weihnachten auch gleich ganz kippen. Also zweieinhalb Tage. Und was bis dahin nicht ist, ist eben nicht. Prost. Darauf trinken wir. Stille. Plötzlich Sten: „Na wenn das so ist, was wollen wir dann am fünfundzwanzigsten Dezember noch hier? Lass uns Heiligabend feiern und am nächsten Tag losfahren, statt wie geplant am Sechsundzwanzigsten. Dann haben wir mehr Zeit, um nach Italien zur Fähre am Achtundzwanzigsten zu kommen. Wer weiß, was unterwegs auf dem Brenner los ist."

Geht das schon wieder los mit der Verschieberei, jagt es mir kurz durch den Kopf. Doch um mich aufzuregen, bin ich zu müde und geschafft. Eigentlich hat Sten Recht. Also gut. In vier Tagen starten wir.

Mein kleiner gelber Koffer

Herzschlag. **Mein Herz** ist im Koffer gelandet und pulsiert dort tapfer vor sich hin. Der gleichförmige **Rhythmus gibt Struktur.** Wie wohltuend.

Ententafelrunde

Nicht sträuben gegen das, was ist, nur weil meine Vorstellung eine andere war. Viel zu viel Energie geht ins Sträuben, viel entspannter ist es, wenn ich mich einlasse. So kann ich überrascht werden, in völlig neue Winkel schauen und Dinge erleben, die mir sonst verborgen bleiben. Die Frage ist, was hält mich davon ab, mich einzulassen? Wovor habe ich Angst? Ist es nur die Gewohnheit oder geht es gegen meine Überzeugung? Ich nehme mir vor, auf meine Gedanken und Gefühle zu achten, wenn ich beim nächsten Mal spüre, dass ich mich sträube, statt einzulassen. Ich glaube, das sagt mir viel über mich. Darüber, dass ich die Kontrolle behalten möchte. Dass ich bestimmen möchte, was ist und was nicht, in meinem Leben. Also, los ins Abenteuer und fließen und fliegen.

Heiligabend. Unsere Familie ist da. Alle, die konnten, sind gekommen. Ein großes Gewusel in unserer Wohnung. Ab morgen wird sie wie ausgestorben sein. Ich kann es mir nicht vorstellen. Will es nicht. Das Fest ist sehr speziell. Ja, besonders. Es ist eben nochmal ein Abschiedsfest. Ist denn ein Jahr wirklich so lang? Oder sehen wir uns nicht wieder? Ist das die unausgesprochene Befürchtung im Raum? Jedes Wort, was gesprochen wird, hat eine zweite Bedeutung. Das „Sich-Lange-Nicht-Sehen" schwingt immer mit. Ich platze fast vor innerem Druck und trauriger Erschöpfung zugleich. Verdammt noch mal, du Innerlichkeit. Nun lass mich in Frieden. Ich wollte die Reise. Ich will die Reise. Ich mache die Reise und Schluss! Ach nein, Anfang!

Mein kleiner gelber Koffer

Alles egal. Ich bin egal. Es ist egal. **Egal, egal.**

Autopilot

Es ist der 25. Dezember 2014. Der Tag des Starts fühlt sich an wie ein lange geplanter Geburtstermin. Alles läuft auf genau diesen einen Tag hinaus.

Es ist die Zeitrechnung, nach der sämtliche Uhren gestellt sind. Sie ticken um die Wette. Ich möchte sie anhalten, doch die Uhren machen sich einen Spaß daraus, ohne Unterlass mit ihrem „Tick, tick, tick" zu sagen: „Es ist bald so weit!" Und dann, mit einem Mal ist er da. Dieser Morgen, an dem wir die Augen aufschlagen, noch kurz so tun, als schliefen wir, um der Realität nicht so grell ins Auge blicken zu müssen.

Wir starten heute, schnellt es uns wie ein Blitz durchs Hirn. Es gibt kein Halten, es gibt kein Zurück. Alles ist auf Vorwärtsgang geschaltet. Die letzten Handgriffe in der Wohnung. Noch schnell einen zusätzlichen Schal geschnappt. Ganz egal, wie viele Teile schon eingepackt sind. Der Eine ist für die Seele. Wer weiß, wie kalt es wirklich wird …

Mein Kopf, meine Hände und Beine, alle sind auf Autopilot geschaltet. Fühlen ist anders. Das hier ist mechanisches Tun, ist Selbstlauf, ohne Routine zu sein. Gehe ich ans Fühlen heran, würde es Lähmung für mich bedeuten. Die ist heute fehl am Platze. Also, ab damit, in eine der Taschen oder Kisten. Gefühl. Ich hole dich später wieder raus. Sorry. Ich kann nicht anders.

Mein eigenes Gesicht möchte ich heute nicht sehen. Jeder Muskel scheint angespannt. Das sieht schon von innen zum Fürchten aus.

Alles eingepackt? Alle Geräte ausgeschaltet? Kühlschrank abgetaut und offen? Die Heizkörper auf die Froststufe gestellt? Noch einmal durch alle Räume laufen. Die Ede, die das nächste Mal hier durchläuft, ist mit Sicherheit eine andere, als die, die es jetzt tut. Unserer lieben Nachbarin den Schlüssel geben. Der letzte Akt.

 ## Mein kleiner gelber Koffer

Ich packe in meinen Koffer: **Entenbratenduft mit Thüringer Klößen.**

 ## Motorenheulen

Den Motor zum Warmlaufen starten. Ein Foto mit Leo. Winken von draußen. Heulen von drinnen. So ist das. Schon wieder. Abgespanntheit, Vorfreude, Angespanntheit, Neugier. Ein Mix der ganz besonderen Art. Ganz tief in mir drin ist mir klar, dass es etwas sehr Großartiges ist, dass wir uns die Möglichkeit geben, in unserem Leben eine solche Reise anzutreten.

Der Leo, unser orangefarbener LKW, unser Heim ab jetzt, rollt. Wir setzen uns in Bewegung. Meter um Meter wächst die Distanz zu unserer eigenen kleinen Welt. Wir richten unsere Blicke nach vorn, ganz konzentriert, um ein Stück der großen weiten Welt in Augenschein zu nehmen. Die Dimension ist für mich nicht fassbar und ich glaube, das ist gut so.

Nachgedanken

Nimm das Meer vor deiner Haustür oder geh, wenn du kannst, etwas weiter weg. Doch halte gesunde Distanz zu dem, was dich täglich davon abhält, dir selbst zu begegnen. Den ersten Schritt zu gehen, ist nicht leicht. Ich weiß das sehr genau. Es tut sogar weh. Doch wenn du einmal über diese Schwelle hinweg gestiegen bist, ist es eine vollkommen andere Welt, die sich vor dir auftut. Wagst du den Schritt, so wirst du belohnt.

Ede

www.weltreise-buch.edeundsten.de
www.2015.edeundsten.de

Beim jahrelangen Trockentraining waren wir nicht allein!

Unser Reisevorhaben beschlossen wir erst einmal nur für uns selbst. Doch ohne unsere Familie, unsere Freunde und Bekannten, die Mitarbeiter unserer Firma ART-KON-TOR wäre es uns nicht möglich gewesen, diesen Schritt zu wagen und diesen Weg zu gehen.

Wir danken euch allen aus den Tiefen unserer Seelen heraus für euer Dasein, für euer Mit-uns-Sein. Für eure Hilfe, wenn wir sie brauchten. Und euer Zuhören, wenn es uns gut tat.

Ede – Hals über Kopf auf der Testfahrt nach Karelien an den Onegasee.

Mit dem ausgemusterten Bundeswehr Unimog „Weser" ging es auf Suche nach unserem zurückgelassenen Jeep.

Mit dem tunesischen Retterteam übernachteten wir bei Minusgraden in der Wüste, auf der Suche nach unserem liegengebliebenen Geländewagen.

Notdürftige Reparatur, bevor die Bergung duch schweres Gelände im tunesischen Sperrgebiet beginnen konnte.

الحرس الوطني
GARDE NATIONALE

Mehrere Tage waren wir notgedrungen Gast bei der tunesischen Nationalgarde, bevor wir eine Lösung für unser „Bergungsproblemchen" fanden.

Zehn zusätzliche Kanister.

Schlafen direkt unter dem Dach unseres Jeeps, über einer Batterie von Kanistern.

Vorbereitung zur Bergung mitten in der Sahara.

Der verlorene See „La Lac".

Den Jeep mussten wir erst einmal zurücklassen. Weiter ging es zu Fuß und auf der Pritsche unserer Freunde bis nach El Borma.

Diese zwei Zahnräder des Differentials ließen uns
in der Sahara stranden.

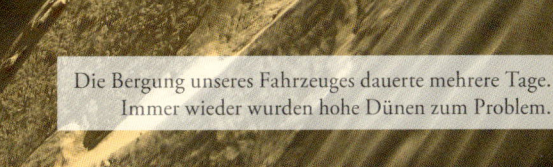

Die Bergung unseres Fahrzeuges dauerte mehrere Tage.
Immer wieder wurden hohe Dünen zum Problem.

Mit Einheimischen mehrere Tage auf der Suche nach dem Grab von Stens Großvater in Polen.

Grab des Wachtmeister Werner Meyer,
15.8.44

Diese liebevoll von einem Kameraden gezeichnete Karte war der einzige Anhaltspunkt für uns, wo Stens Großvater Werner verstorben war.

In einem Waldstück bei Bialystok, nahe dem kleinen Dörfchen „Sosnia" in Ostpolen, war der Großvater am 15.8.1944 gefallen. Hier sollte nun sein Grab sein.

Orthodoxe Kreuze überall in Karelien.

Piroggen – Stens Lieblingsteilchen.

Unsere Testfahrt nach Karelien, im Nordwesten von Russland, führte uns zurück in die Vergangenheit.

MARIUSZ WILK

Das Haus am
ONEGASEE

ZSOLNAY

Dieses Buch, ein Geschenk von Ede, und das Projekt: „Auf der Suche nach dem Haus am Onegasee" war geboren. Und tatsächlich fanden wir es, zusammen mit Mariusz Wilk, dem Schriftsteller.

Jeder hat sein eigenes Business. Hier gibt es Fisch!

РЫБА

Zeichenmotive finden sich in Karelien in jedem Dorf.

БОЛЬБИНО

Viele Bushäuschen an der Straße sind alle gleich schief. Ein Konstruktionsfehler?

Wodka, Tee oder Kakao, was möchtet ihr Deutschen trinken?

Das Holzhaus von Viktor und Klava. Sie sind die Letzten, die hier in der Einsamkeit eines verfallenen Weilers am Onegasee wohnen.

Der Kosake Viktor mit seiner Frau Klava. Die Idylle trügt.
Im Winter bei minus 40°C müssen sie alle vier Stunden raus,
um die Tiere zu füttern und das Wasserloch eisfrei zu halten.

Mit unserem Freund Steffen beim Fahr- und Teamtraining.

Kontrolliertes Fahren lernen mit Schweiß auf der Stirn. Wer weiß, wofür wir dieses Training auf unserer Reise durch die Welt noch brauchen werden?

Sahara, Libyen oder Kasachstan? Unser Testgelände zur Vorbereitung auf die Weltreise war ein ausgedienter Braunkohletagebau bei Senftenberg in der Lausitz.

In Wüstenkleidung auf dem Weg durch die Sahara.

Libyen im Jahre 2011 – der Liter Diesel kostete gerade einmal 7 Cent. Diese Postkarte mit Muamar-al-Gaddafi dafür 5 Euro.

Libyen, fünf Mal größer als Deutschland mit gerade einmal 6,4 Millionen Einwohnern, galt lange Zeit als das reichste Land Afrikas.

Es gibt keine Straßen oder Wege zu diesem Felsbogen „Forzagha Arch" im Akakus Gebirge mitten in der Libyschen Sahara.

Die Ruinen der römischen Stadt Sabrata aus dem
7. Jahrhunder v. Chr. 70 Kilometer westlich von Tripolis.

Unser Tuareg Guide – Meister der Wüste. Nur auf
dem Asphalt fühlte er sich merklich unwohl.

Sanddünen auf dem Weg zum Akakus Gebirge.
85% der Fläche von Libyen sind Wüste.

Das „Grüne Buch" – vom Namen dem „Roten Buch" Mao Tsetungs nachempfunden.
Geschrieben von Muammar al-Gaddafi wurde es als die Verfassung Libyens angesehen.

Tuareg nahe der Mandara-Seen mitten in der
Libyschen Sahara.

Stirn und Hut. Diese Kopfbedeckung hat ihm ein Einheimischer als Geschenk für seinen Besuch in dem wunderbaren Land gemacht.

Drei Tage warten auf Diesel. Letzte Tankstelle für die nächsten 1.500 Kilometer. Die 250 Liter sollten gerade einmal 17,50 Euro kosten.

Kurioser Kameltransport nahe der Oasenstadt Ghadames.

Von Einheimischen eingeladen. Der Herr rechts neben Sten ließ ihm seine heilige Kopfbedeckung über 500 Kilometer mit einem Fahrer nachsenden.

معك نغاني المجد

يا صانع الاتحاد الافريقي

شركة الواحات

Er war allgegenwärtig – Muammar al-Gaddafi.

Diesel war spottbillig, aber selten.

PATROL

Unser neues libysches Kennzeichen. Wir waren Ende Januar 2011 eine der letzten Gruppen, die Libyen sicher verlassen konnten.

برن / ل ص جديد

47312

Nach einem Sturm – gesandstrahlt und glücklich.

Unser Guide Mouldi mit Wüstenfahrer.

Die Felszeichnungen des Tadrart Akakus. Die Entstehungszeit wird auf 12.000 bis 8.000 v. Chr. geschätzt.

Mercedes Benz, Beckenbauer, Deutschmark.
Welcome to Libya!

Das Amphitheater der römischen Stadt Sabrata in
der Nähe von Tripolis im Jahr 2011.

Je später am Nachmittag, umso weicher der Sand.

Alle Dokumente, Kreditkarten, Pässe, Verträge, Fahrzeugpapiere und Vollmachten haben wir zur Sicherheit noch einmal kopiert.

Unsere Post-it-Wand zur Vorbereitung der Reise. Es wurden mit der Zeit immer mehr, statt weniger Zettel!

Die Aufgabenröllchen – das spezielle Geburtstagsgeschenk für Ede zur Vorbereitung auf die Weltreise.

Kleine Geschenke erhalten die Freundschaft: Mentale Einstimmung auf unsere Reise über kleine Szenen aus dem zukünftigen Alltag – in Modelleisenbahn-Romantik.

РАБОТА

На постоянную работу требуются рабочие троительных специальностей: плотники-бетонщики, арматурщики, сварщики.
Строительство 3-й и 4-й очереди Ленинградской Атомной Электростанции (ЛАЭС). Устройство по трудовому договору в соответствии с трудовым законодательством. Работа вахтовым методом. Заработная плата перечисляется на банковскую карту. Проживание в общежитии за счет работодателя. Возможна компенсация проезда.

Заработная плата от 30000 до 60000 рублей.

Опыт работы приветствуется. Возможно обучение.

Контактный телефон................00

„RABOTA" – das russische Wort für „Arbeit". Zur Vorbereitung auf unsere Jahresreise gab es eine Menge davon.

MANN UND FRAU UND WELTREISE
WIE ICH ZUR REISE MEINES LEBENS KAM.

Karsten Meyer

Karsten Meyer

MANN UND FRAU UND WELTREISE

WIE ICH ZUR REISE MEINES LEBENS KAM

Mit erlebten Geschichten,

65 Farbbildern,

114 Tipps,

2 Karten &

1 Vorbereitungs-Checkliste …

STEDE
VERLAG

Impressum

Dieses Buch ist auch als e-Book erschienen.

ART-KON-TOR Change Prozesse GmbH
STEDE Verlag
Copyright © 2016 by STEDE Verlag, Jena

Gesetzt in der Adobe Garamond Pro und Luna
Fotos & Grafiken: Elke Klinger, Karsten Meyer
Druck Umschlag und Bildteil: Druckhaus Gera GmbH
Druck Textteil und Weiterverarbeitung: GGP Media GmbH

Printed in Germany

ISBN 978-3-946769-00-2

www.2015.edeundsten.de
www.weltreise-buch.edeundsten.de

„Weißt Du, wie Du Gott zum Lachen bringen kannst?
Erzähl ihm Deine Pläne."

Blaise Pascal

Inhalt

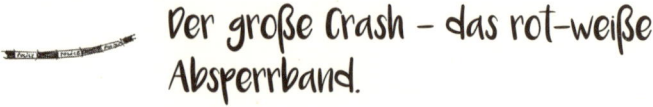 Der große Crash – das rot-weiße Absperrband.

Jeder von uns kennt das Gedankenspiel: Woran kannst du dich als Erstes in deinem Leben erinnern? So ähnlich geht es mir, wenn ich heute darauf zurückblicke, welches Ereignis der Auslöser unserer Jahresreise war. Ich habe diesen Tag noch ganz genau in Erinnerung. Es war der 7. Oktober 2008, ein Dienstag. Auf der Expo Real in München, einer der größten Immobilienmessen Europas, auf der wir drei Kunden betreuten, hatten wir unseren Job schon gemacht. Wir liefen am zweiten Tag der Ausstellung nichtsahnend über das Messegelände, als uns wirr durcheinander schnatternde Besucher entgegen kamen. Auf den überall flimmernden Monitoren liefen Wirtschaftsnachrichten mit ähnlich aufgeregter Grundstimmung. Wir schnappten Wortfetzen auf: „Pleite", „Eurohypo", „Immobilienblase".

Wir beide schauten uns verständnislos an und beschleunigten unsere Schritte. Warum eigentlich? Hofften wir, hinter der nächsten Wand der Krise leibhaftig zu begegnen, oder taten wir es nur, weil alle etwas schneller liefen? Wir wussten es nicht, machten aber instinktiv mit. Dann trafen wir doch tatsächlich in der nächsten Messehalle noch auf sie – die Krise – in Form eines Messestandes, der wie ein Kunstobjekt oder ein Tatort fein säuberlich mit lustig flatterndem rot-weißen Absperrband abgesichert war. Wir standen staunend da und betrachteten die Bannmeile, die wie eine Quarantänestation von den anderen Messeständen getrennt dalag, so als ob sich dadurch das böse Pleitenvirus nicht weiter verbreiten konnte. Tausend Gedanken schwirrten in meinem Kopf umher. Einer davon war: „Moment mal, der 7. Oktober, war das nicht der Tag der Republik?" Die Ossis unter uns wissen Bescheid – und nun ein weiterer 7. Oktober als Schicksalstag.

Es sah schon kurios aus, wie dieser mehrstöckige imposante Messestand so unschuldig dastand und in mir Gedanken auslöste, die meine nächsten Jahre beeinflussen sollten. Im Nachhinein betrachtet, braucht es wahrscheinlich immer emotionale Auslöser, die sich wie Bahnweichen quietschend umlegen und dann unser Leben verändern.

Aber was zog mich beim Anblick eines leeren Messestandes so in den Bann? Rational gesehen war es mit Sicherheit lediglich eine belanglose PR-Maßnahme der Bank, die es ihren Mitarbeitern nicht mehr zumuten wollte, sich der Konfrontation der Mitbewerber auszusetzen. Aber emotional legte sich ein Schalter in meinem Bauch um.

Wir setzten uns in eine Lounge in Sichtweite des Krisenherdes und beobachteten die Menschen um uns herum, die wie wir gebannt stehen blieben, ihr Handy zückten und wild schnatternd diese sensationelle „Bildzeitungsmeldung" in die Welt bliesen.

Was war es, was mich und Ede ebenso in Verwunderung erstarren ließ? War es ein Stück heile Welt, die uns knapp zwanzig Jahre nach der Wende aus den Händen zu gleiten schien. War es die Sorge um unsere Firma, um mögliche Aufträge, die storniert würden? Oder war es die Unruhe vor Veränderung, die solche Ereignisse immer so an sich hatten. Das wusste ich aus meiner Erfahrung schon, immerhin hatten wir in den achtzehn Jahren, die unser Unternehmen nun schon bestand, bereits drei Krisen miterleben dürfen und die Auswirkungen auch am eigenen Leib gespürt.

Wie auch immer. In dieser Messelounge unter Monitoren, auf denen n-tv nur noch ein Thema kannte, wo fassungslose Menschen an uns vorbeizogen und sich die Zeit wie in einem Zeittunnel dehnte, sagte ich wie ferngesteuert zu Ede: „Weißt du was, wir machen 2015 eine Weltreise!" Ich war über diesen Satz selbst erschrocken, doch er kam einfach so über meine Lippen und es fühlte sich auch noch gut an.

Edes Reaktion kam prompt: „Ja, das machen wir!"

In diesen beiden einfach so dahingesagten Sätzen lag plötzlich so viel Kraft, dass ich die Energie in mir förmlich spüren konnte und aus heutiger Sicht nur noch sagen kann: „Danke, Krise – Danke, Hypo Real Estate – Danke, Zufall."

So oder so ähnlich fühlte sich jedenfalls die Geburtsstunde unserer Weltreise an.

Nun fragt man sich sicherlich: Ist es nicht etwas viel Zeit für die Vorbereitung einer läppischen Reise, immerhin waren es bis 2015 noch gut sieben Jahre? Warum ausgerechnet 2015? Und warum eine Weltreise?

Keine Ahnung warum, aber diese beiden Aussagen kamen tief aus unserem Inneren und sollten uns die kommenden Jahre zu Komplizen zusammenschweißen, wie Udo L. es ausdrücken würde.

Und Sten, was hast du daraus gelernt?

- Da, wo ein rot-weißes Absperrband hängt, muss es nicht unbedingt „Gefahr" bedeuten, es kann auch eine „Chance" lauern.
- Alles ist möglich, was du dir vorstellen kannst.
- Bei den wichtigen Dingen im Leben nicht so viel nachdenken – höre wenigstens einmal auf deinen Bauch, wenn er dir was Wichtiges zu sagen hat.

 ## Dann fahren wir eben einfach los.

Es ist schon kurios, wenn man so den Blick über eine Weltkarte schweifen lässt. Länder und Städte, die ich noch aus dem Geografieunterricht kenne, werden wie bei einem Weltraumflug auf der Karte in Sekunden überquert. Grenzen scheint es nicht zu geben. Gebirge, Flüsse und Meere – alles einfach so mit einem Fingerschnippen.

Weltreise – aber wohin? Die politische Lage hatte sich in den letzten Jahren erheblich verändert, so dass es gar nicht mehr so einfach war, gedankenlos zu reisen. Ich erinnere mich an ein Gespräch mit einem Aussteiger, der mir auf die Frage nach der Vorbereitung einer solchen Reise und der Wahl der Reiseroute empfohlen hat: „Fahrt doch einfach los – ihr werdet schon irgendwie euren Flow finden!"

„Flow"? Was meinte er damit? Ich habe es damals nicht verstanden. Jedenfalls war die Antwort alles andere als das, was ich hören wollte. Was für ein Spinner! Ein Deutscher fährt nicht einfach so los! So sehr mich dieser Satz anfänglich aufgeregt hat, so sehr sollte er mich im Laufe der Reiseplanung dann doch begleiten. Denn er wurde über die gesamte Vorbereitungszeit zu meinem Plan B.

Ich liebe Plan B. Er macht alles plötzlich so leicht, denn der Satz „Dann fahren wir eben einfach los!" ist eine tolle Vorstellung. Dass es aber doch nicht so unkompliziert war, konnte ich bereits am eigenen Leib spüren. Wer hat noch nicht davon geträumt, einfach auf den Flughafen zu gehen, sich cool über einen Tresen zu beugen und der Dame dahinter ins Ohr zu raunen: „Den nächsten Flug bitte – egal wohin!" Diese erstaunten Augen wollte bestimmt jeder schon einmal sehen, gefolgt von einem irritierten „Bitte?".

„Ja, Sie haben richtig gehört – egal wohin!", erwidern und dabei lässig die Kreditkarte auf den Tresen schnipsen lassen.

So ähnlich erging es mir, als ich mich 1997 nach einer Präsentation bei der Wirtschaftsförderung in Frankfurt am Main mit einem alten Freund am Flughafen verabredet hatte mit dem festen Ziel, diese Nummer einmal durchzuziehen. Unsere Abmachung bestand darin: Wenn die Präsentation gut ging und wir den Auftrag bekommen würden, dann sollte es diese Reise als Belohnung geben. Wenn nicht, dann nicht. Eindeutige Spielregeln.

Die Präsentation lief erstaunlich gut, wir erhielten den Auftrag. Ich schwebte überglücklich auf dem Weg zum Flughafen Frankfurt und es fühlte sich an wie frisch verliebt. Mein Kumpel und ich trafen uns am Eingang, ich nickte, wir grinsten uns zu und schulterten unsere grünen U.S.-Army-Seesäcke. Auf zur Dame am Tresen. Wie es nun weitergehen sollte, war genau in meinem Kopf. Ich genoss den langen Weg durch das Flughafengebäude. Am Last-Minute-Schalter angekommen sollte es uns nicht schwerfallen, in unserer Lässigkeit die lange eingeübten Sätze theatralisch an die Frau zu bringen. „Zweimal den nächsten Flug bitte – egal wohin – nur schnell!" Die Worte klangen in der großen Halle nach. Die Dame verschwand gelangweilt hinter ihrem Monitor und tauchte nach einer halben Ewigkeit wieder auf. „Also Jungs, die nächsten zwei freien Plätze sind morgen Nachmittag nach Zypern!" Es summte in meinem Kopf. „Wie morgen Nachmittag?! Wir wollen die nächste Maschine irgendwohin!" Wir hatten mit allem gerechnet, dass wir losrennen müssten oder unser Gepäck nicht mitnehmen könnten oder in einer Frachtmaschine unterkommen würden – wenn es eine solche Reiseform überhaupt gab. Aber morgen Nachmittag?! – Wie uncool war das denn!

Sie schaute uns etwas mitleidig an. „Enttäuscht?"

Mir fehlten die Worte. Tatsächlich bestiegen wir am kommenden Nachmittag brav die Maschine nach Zypern und ergatterten so die nächsten freien Plätze – irgendwohin. So war das damals Mitte der 1990er Jahre.

Dieses Ereignis hatte mich die kommenden Jahre geprägt. Bis heute schmunzle ich drüber. Tja, zwischen Traum und Wirklichkeit scheint es doch keine Abkürzung zu geben.

Und Sten, was hast du über wahre Abenteuer gelernt?

- Einfach losfahren – klingt toll, ist es sicher auch! Aber seien wir mal ehrlich: Wir als Deutsche? Das geht doch gar nicht – oder doch?!
- Bitte „Last Minute" nicht allzu wörtlich nehmen, da kann schnell mal ein ganzer Tag draus werden. Vielleicht ist das eigentliche Abenteuer, damit klarzukommen.
- Je weniger Planung, umso größer ist der Reiz, wenn du fragst: „Schatz, wo hast du denn das Hakle Feucht …?"
- Die richtigen Abenteuer kann man nicht buchen, die passieren einfach.

 ## Die Minute der Schocktherapie.

So schnell die Idee an dem ominösen Tag des Messebesuches, damals am 7. Oktober 2008, gekommen war, so schnell sollte diese umgesetzt werden. Ich kenne gute Vorhaben und ich kenne mich. Entweder es bleibt bei einer netten Idee, der ich immer nachweine, oder ich schaffe Tatsachen. Ich mag kurze Prozesse, auch wenn ich diese manchmal hinterher bereue. Aber Reue kann auch ein wunderbarer Triebfaktor sein. Mir ging also unsere Idee der Weltreise nicht mehr aus dem Kopf. Ich kann mich noch wunderbar an die Situation erinnern, als ich auf einer unserer wöchentlichen Mittwochspräsentation in der Firma versteinerte Gesichter sehen sollte.

Diese Kurzpräsentation war und ist eine Institution in unserer Firma, jeden Mittwoch 11.45 bis 12.00 Uhr ist es so weit. In diesen fünfzehn Minuten werden entweder schwierige Entwicklungsprojekte vorgestellt, neue Mitarbeiter eingeführt oder Geburtstage zelebriert. Ein Treffpunkt für alle Mitarbeiter, voller Freud und Leid, denn hier wird jeder Präsentator gezwungen sich kurzzufassen, egal wie interessant oder komplex das Projekt auch ist. Ich machte es kurz an diesem Mittwoch im Oktober 2008. Ich verkündete ohne mit der Wimper zu zucken: „Liebe Mitarbeiter, Ede und ich, wir haben uns entschlossen eine Weltreise zu machen. Wir werden 2015 für ein Jahr unterwegs sein!" Mir summten die Ohren und es trat eine eisige Stille im Raum ein. Ich hatte das Gefühl, dass das Echo meiner Stimme noch lange nachhallte und sich Raum und Zeit dehnten. Ich schaute in die Runde und sah fassungslose Gesichter. Ob es tatsächlich ein gewisser Schock bei vielen Mitarbeitern war, kann ich nicht sagen, in diesem Moment fühlte ich es so, denn eigentlich war ich es, der über sich selbst erschrocken war. Aber gesagt ist gesagt. Worte kann man bekanntlich nicht mehr zurück-

nehmen, und das ist auch gut so. Vielleicht wollte ich Tatsachen schaffen, damit es kein Zurück mehr geben konnte. Jedenfalls liebe und verfluche ich mich regelmäßig für diese spontane Art, die sich im Nachhinein jedoch meist gut angefühlt hat.

Gesagt, getan! Diese Art der Initialzündung ist mein Treibstoff, der mich immer daran erinnert, Projekte zu beginnen und auch zu Ende zu bringen. In diesem Fall war die Auswirkung enorm, schließlich reden wir über die nächsten sieben Jahre – eine lange Zeit, dranzubleiben. Nun war es raus und da die Mitarbeiter mich kannten, ahnten sie, dass sich in der nächsten Zeit einiges für uns alle ändern sollte. Mit etwas Abstand verstehe ich nun auch die versteinerten Gesichter der Mitarbeiter besser. Sie sorgten sich weniger um uns, sondern vielmehr um sich selbst, ihre Arbeit und ihre Zukunft. Immerhin konnte es ja sein, dass wir aus irgendwelchen Gründen nicht wiederkommen. Diese Unsicherheit konnte ich niemandem nehmen, denn jeder hört das, was er hören will. Diese Spontanitäten haben jedenfalls immer zwei Seiten. Einerseits Tatsachen schaffen, mit denen man sich selbst unter Druck setzt, keinen Rückzieher mehr zulassen zu können. Andererseits schürt es Spekulationen und Gerüchte, denen man wohl oder übel hilflos ausgeliefert ist.

Egal, nun konnte es richtig losgehen. Die Stunde null beginnt damit, einen Traum vor knapp fünfzig Ohrenpaaren laut auszusprechen. Von nun an lief der Countdown, ähnlich einem Strafgefangenen, der in sieben Jahren entlassen werden sollte und beharrlich jeden Tag einen Strich in die Wand ritzte. So fühlte ich mich jedes Mal, wenn ich an das Jahr 2015 dachte – weit, weit weg und doch so aufregend nah. Der positive Effekt dieser spontanen und kurzen Verkündung sollte sein, dass mich viele Mitarbeiter in den nächsten Tagen augenscheinlich rein zufällig abpassten und mich sehr direkt zur Rede stellten. Wie ich das gemeint hätte? Was nun aus der Firma werden sollte? Wer dann die Führung übernehmen würde? Ob es stimmte, dass wir möglicherweise nicht wiederkommen?

Ich wurde die kommende Zeit mit Fragen und Mutmaßungen überhäuft. Verständlicherweise – immerhin redeten wir davon, dass Ede und ich als Paar eine äußerst wichtige Stabilitätsfunktion in der Firma einnahmen, die 2015 schlagartig wegfallen würde. Die Gespräche teilten sich nach einiger Zeit in zwei Gruppen. Hatte ich bei der Verkündung an jenem Mittwoch also doch richtig gesehen. Neben den versteinerten Gesichtern erkannte ich in einigen ein spontanes Funkeln. Den Grund dieses geheimnisvollen Funkelns sollte ich erst einige Wochen später erfahren.

„Herr Meyer, ich muss mal mit Ihnen sprechen!" So oder so ähnlich hatte es sich angehört. Auf alle Fälle so kurz und bündig. „Was passiert denn in der Zeit mit Ihrem Schreibtisch?"

Ich verstand nicht recht. Mehr als sechs Jahre vor der Abfahrt schon über Schreibtisch-Fledderei nachzudenken, das konnte ich mir einfach nicht vorstellen. Aber ich stand, so perplex wie ich war, einfach nur auf der Leitung. Gemeint war nicht mein eigentlicher Schreibtisch, sondern mein Posten als Kapitän unserer Firma ART-KON-TOR. So hatte ich es gern. Menschen, die ihre Chance wittern und nicht lange um den heißen Brei reden. Damit war eine neue Führungsära in unserer Firma eingeleitet.

Und Sten, was ist das Fazit für deinen Job?

- Ein Jahr mal nicht im Büro zu sein, ist durchaus eine wohltuende Aussicht – auch für die Mitarbeiter, vor allem für die, die bereits seit einiger Zeit in der zweiten Reihe lauern.
- Jeder ist ersetzbar – auch der Chef! Tut weh, ist aber so!
- Einfach mal ein Weltreisebuch auf dem Schreibtisch liegen lassen. Derjenige, der einen daraufhin anspricht, kann ein potentieller Nachfolger sein.
- Jeder Zufall ist eine Verabredung, wenn auch nur eine lose!

# Gott sei Dank hatte ich Keuchhusten.

Eine große Reise beginnt immer schon Jahre vorher. Auch wenn man es nicht glaubt, es ist eine Vorsehung. Im Nachhinein sollte es bei uns genauso sein. Es war am 1. September in irgendeinem der sieben Jahre vor unserer eigentlichen Reise. Wir beide hatten seit einem viertel Jahr mit einer böswilligen Krankheit zu kämpfen, die sich letztlich als Keuchhusten herausstellen sollte. „Moment mal, Keuchhusten – der 100-Tage-Husten, wie er umgangssprachlich auch genannt wird. Wir haben doch keine kleinen Kinder mehr!" Kann eigentlich nicht sein, war aber so. Ein halbes Jahr quälten wir beide uns nun schon damit. Für diejenigen, die Keuchhusten nicht kennen und auch noch nicht kennengelernt haben, das ist das, wo selbst junge Leute mit Kondition nach spätestens zehn Treppenstufen aussehen, als ob sie einen Halbmarathon hinter sich hätten. Es fühlt sich an wie eine Mischung aus Kriegsversehrtem und Rentner. Es geht einfach nichts mehr. Man hustet sich die Lunge aus dem Leib und keucht bei jedweder Anstrengung – Keuchhusten eben.

Beim Googeln zur Selbstdiagnose wurde mir ganz schlecht, denn da standen Sätze wie: „Eine der meist unterschätzten Krankheiten der Neuzeit …", „… ganze Dörfer in Ostanatolien hat diese Krankheit vor hundert Jahren dahingerafft!" Also, hier kommt eine kostenlose Anamnese von mir. Solltet ihr euch massiv schlapp fühlen, den ganzen Tag ohne Unterlass husten und sich dieser nette Husten auch nicht nach zwei, drei Wochen oder gar einhundert Tagen abschütteln lassen, dann ist es an der Zeit, denselben Arzt, der euch vor Wochen die Diagnose Bronchitis gestellt hat, mit der Aussage zu konfrontieren: „Ich hab da mal was im Internet gelesen …"

Er wird langsam zum Fenster gehen und beim Öffnen, um frische Luft ins Behandlungszimmer zu lassen, wird er sagen: „Sie haben doch keine kleinen Kinder mehr … Wir sollten das Krankheitsbild jedoch einmal im Auge behalten!" oder „Sie haben doch eine Firma – ich muss jetzt das Gesundheitsamt verständigen – da werden Sie um die Schließung der Firma nicht drum herumkommen." Das alles wird sich so etwa zwei Monate, nachdem ihr das erste Mal bei diesem Arzt gewesen waren, abspielen. Jedenfalls war es bei mir so, oder so ähnlich.

Sorry, dass ich etwas abgeschweift bin. Wie gesagt, das war am 1. September in irgendeinem der sieben Jahre vor unserer eigentlichen Reise. Ich war nach drei Monaten Keuchhusten immer noch nicht der alte Tausendsassa und so blieb ich an dem Tag vor Edes Geburtstag zu Hause und fuhr nicht mit nach Kassel zur „Dokumenta", der nur alle fünf Jahre stattfindenden „Kunstinstitution". Das zeigte schon mal die Antriebslosigkeit, unter der ich sehr litt. Morgen sollte Ede Geburtstag haben und das Thema Weltreise war bei uns ständig präsent. Also musste das Geschenk etwas Gebasteltes zum Thema Reise sein. Da wir uns allerdings noch nicht so richtig über den Zeitpunkt der Reise einig waren, wollte ich Ede auf nette Art und Weise von einem meiner Wunschtermine überzeugen. Vielleicht 2014. Besser aber 2013, um netten Druck aufzubauen, denn je eher, desto besser. 2015 bis 2017 nahm ich pauschal mit in Betracht. So kam ich auf die Idee, einen Zeitstrahl über die gesamte Wand unserer Küche zu bauen – sieben Jahre lang war er, mit lauter kleinen Löchern. In jedem Monat sollte ein Aufgabenröllchen aus Papier steckten. Sah schon lustig aus, als der Zeitstrahl fertig war. Lauter kleine Röllchen, die wie Hauptgewinne, oder Nieten, unschuldig in ihren kleinen Löchern steckten. Darunter eine überdimensionale Weltkarte mit einer aus einem roten Bindfaden abgesteckten Reiseroute von Deutschland in den fernen Osten und wieder zurück. Kleine aufgeklebte Modelleisenbahnfiguren säumten den Weg. Ich baute auf diese Weltkarte kleine Situatio-

nen – Situationen, die mir so in den Sinn kamen. Ein Fahrzeug wurde aus misslicher Situation befreit, Schilder markierten den richtigen Weg und Gruppen von Kindern winkten uns fröhlich in Modellbahnmanier zu. So stellte ich mir an jenem Tag Anfang September unsere Reise durch die Welt vor. Auch im Nachhinein denke ich noch gerne an den Invalidentag, denn diese Karte mit den Aufgabenröllchen, sollte uns die nächsten Jahre beim Sitzen und Planen am Küchentisch begleiten. Und wir saßen oft an diesem Küchentisch mit Panoramablick auf unsere Welt!

Ach ja, was stand denn in den Aufgabenröllchen alles drin? So was Bescheuertes wie „Teil 2 des Videos von Bear Grylls – einem Ex-Navy-Abenteurer – sehen!" Das ist der Teil, wo er in ein totes Kamel steigt, um einen Sandsturm zu überleben. Naja, im Nachhinein ganz schön kitschig. Oder „Testfahrt mit Frank. In die Sahara fahren!" Mit Frank in die Libysche Wüste, das klang damals super, nur hatte sich leider die politische Lage gedreht und aus der Sahara sind dann unsere Offroad-Touren in die Lausitzer Braunkohle geworden. Zumindest ist es dort auch fast wie in der Wüste. Ein drittes Beispiel, und da nehme ich jetzt mal das allerletzte Gedankenröllchen aus dem Kalender, „Zündschlüssel rumdrehen, etwas warten, bis Druck auf dem Kessel ist, und losfahren!" Außer, dass dieses Röllchen mit dem Startdatum Mai 2014 beschriftet war, eine ziemlich realistische Situationsbeschreibung.

Edes Antwort war kurz und bündig: „Zündschlüssel rumdrehen – ja! 2014 – nein!"

Und Sten, was sollte man unbedingt mit auf Reisen nehmen?

- Sinnvolle Gastgeschenke, die entweder nützlich sind oder wenigstens wertvoll aussehen (Aspirin, Tassen oder Teeschalen mit Goldrand, Ferrero-Rocher-Kugeln – die schon durch die Packung glitzern).
- Einen kleinen Canon-Fotoprinter zum Drucken von Erinnerungsfotos mit vielen Menschen drauf. Ihr werdet staunen, wie lange diese Erinnerungsstücke in einem zentralasiatischen Wohnzimmer hängen werden.
- Einen Stempel mit Namen und Mailadresse – sehr sinnvoll bei Langzeitreisen!
- Kleinere oder größere Taschenmesser als Geschenk für Männer. Seid aber darauf vorbereitet, dass euch in bestimmten Regionen dieses Geschenk mit Geld abgekauft werden muss. Unbedingt dieses Geld annehmen, da das geschenkte Messer sonst die „Freundschaft zerschneidet".
- Eine Umhängetasche von „Pacsafe". Diese metallarmierte Hightech-Tasche ist besonders für Städte mit hoher Kleinkriminalität geeignet. Aber woher weiß man schon über die Statistik und das Städte-Ranking der Taschendiebe Bescheid? Ist also überall zu empfehlen!
- Eine Staatsflagge von Ländern, in denen man sich vom ersten Tag an sicher und wohlfühlen will. Bitte vorher informieren, welche Flaggen bei der einheimischen Bevölkerung nicht so gern gesehen sind! Achtung Fauxpas-Gefahr!
- Zigaretten – sind außerhalb von Deutschland immer noch ein Türöffner. Achtung, in Südostasien muss unbedingt beim Anbieten einer Zigarette mitgeraucht werden!
- Einige abgelaufene goldene Kreditkarten, ein altes Handy und 50 € in kleinen Scheinen in einer Schatulle griffbereit aufbewahren. Im Falle eines Überfalls sieht das schon mal nach richtiger Beute aus. Deeskalation hilft in der Fremde immer!
- Ein Fotoalbum mit Familienfotos – besonders von den Kindern und den Großeltern. Das will man in der Fremde sehen und wissen.
- Ein Buch mit „Zeigebildern" – 400 Piktogramme für alle Lebenslagen. Egal, ob du in der Inneren Mongolei eine Pizza bestellen oder einem persischen Arzt erklären willst, dass du Hämorrhoiden hast.

# Libyen – der arabische Frühling war bei uns schon im Januar.

Über die Jahre blieb nicht nur unser Verlangen nach der Weltreise konstant, sondern auch die Änderungen, Anpassungen und Streitgespräche über unsere Reiseroute. Zogen wir anfangs noch nach Feldherrenart mit ganzen Händen über den Globus, so verfeinerten sich langsam die Bewegungen und wir nahmen dann die Finger oder gar kleine Holzstöckchen, um dem anderen von der einen oder anderen Reiseroute zu überzeugen. Glaubhaft war bis dahin keine. Waren es zunächst Afrika und Südamerika, so wechselten bald die Kontinente und wir befanden uns in Australien. Alles war offen, lediglich die politische Lage machte uns einen Strich durch die Rechnung. Das kannten wir schon. Hatten wir doch vor, Ende 2010 wieder einmal mit unserem Geländewagen in die Sahara zu fahren. Diesmal mit einer Gruppe nach Libyen in das Akakus-Gebirge.

Es war die zweite Tour mit unserem tunesischen Freund und Guide Mouldi, der lange Jahre in Norddeutschland gelebt und die Deutschen mit all ihren Macken lieben gelernt hatte. Hätte Mouldi nicht einen tunesischen Namen, könnte er von seiner Art her glatt als Deutscher durchgehen. Wir freuten uns auf ihn und die zusammengewürfelte Gruppe von fünf Geländewagen. Die Anfahrt über das Mittelmeer bis Tunesien kannten wir schon aus früheren Reisen. Mouldi erwartete uns in Tunis am Hafen und es ging schnurstracks über die libysche Grenze. Wir erhielten arabische Nummernschilder. Um den Papierkram kümmerten sich gefühlte einhundert Zivilisten, die an solchen Grenzen immer eine eigenartige Rolle spielten, und nach fünf Stunden Abfertigung waren wir in Gaddafis Libyen. Mouldi hatte einen Stapel Kopien für circa einhundert Durchfahrtsgenehmigungen in der Hand und los ging

es Ende Dezember 2010. Dass es kalt werden würde, wussten wir schon, dass es so einsam werden würde nicht. Ich hatte wieder die hintere Sitzbank ausgebaut und zehn Kanister, also zweihundert Liter Diesel, zusätzlich dabei. Denn diesmal hatten wir Streckenabschnitte in der Wüste von 1.300 Kilometern ohne Tankstelle zu überwinden, so dass wir mitnahmen, was ging. In Ghadames nahe der algerischen Grenze machten wir zwei Tage Rast und bestaunten die weiße Oasenstadt mit ihren verschachtelten Gassen und Tunneln aus Lehm mitten in der Wüste. Erst später sollte diese Wüstenstadt, diesmal im Fernsehen, wieder eine Rolle für mich spielen. Denn ein Jahr nach unserer Reise verschanzte sich hier Gaddafi mit seinem Gefolge, um in den Labyrinthen dieser mittelalterlichen Stadt irgendwie seinem Schicksal doch noch zu entkommen. Es war schon eine merkwürdige Vorstellung zu erfahren, dass wenige Zeit nach uns hier eine der schillerndsten Figuren Nordafrikas durch das UNESCO-Weltkulturerbe-Städtchen schlendern würde, um sich möglicherweise mit denselben Leuten zu unterhalten wie wir. Eine einfältige Annahme von mir, denn ein Mann wie Gaddafi unterhält sich nicht einfach mal so mit dahergelaufenen libyschen Bauern.

Wir hatten gehört, dass der Diesel in Libyen billig sein sollte, doch was nützte es, wenn es keinen gab. Lange Fahrzeugschlangen an diversen Tankstellen beunruhigten uns schon, denn spätesten hier an der letzten Tanke vor der Wüste mussten unsere Dieseltanks voll sein.

So kam es dann auch, die Vorsehung ging damals schon los. Die letzte Tankstelle hatte keinen Sprit. Mouldi diskutierte mit dem Tankwart. Es war schon ein kurioses Bild, wie der Tankwart in seinem blütenweißen Kaftan mit seinem Turban auf dem Kopf wild gestikulierend in alle Himmelsrichtungen zeigte. Das Gespräch war laut und hitzig, wie alle Gespräche im Arabischen. Ich stand etwas abseits und beobachtete die beiden, bereit, jederzeit eingreifen zu können, wenn es zum Handgemenge kommen sollte.

Erstaunlicherweise kam es nicht dazu. Beide umarmten und küssten sich bei der Verabschiedung und ich war irritiert. Ich fragte Mouldi, warum das Gespräch denn so aggressiv gewesen war, aber er schaute mich nur erstaunt an und sagte zu mir: „So sind wir nun mal, wir Araber – immer ein kleines Theaterstückchen, das macht doch Spaß! Übrigens ist er ein alter Freund von mir."

Ja, für unsere Ohren hörte sich ein ganz normales Gespräch unter Arabern eben immer an wie eine Blutfehde. Ich fragte noch: „Und, wann kommt der Diesel?"

Mouldi erwiderte künstlich erschrocken, dass er das in aller Gesprächsvertiefung über die Familien doch glatt vergessen hatte, und zwinkerte mir noch zu – Inshallah.

Diesel gab es heute jedenfalls nicht mehr. Morgen sollte er kommen. Am nächsten Tag sollte er auch morgen kommen. Die Schlangen an der Tankstelle wurden immer länger, so dass ich schon Bedenken hatte, dass der Diesel wieder alle war, wenn wir dran waren. Doch Mouldi beruhigte mich. Als Erstes bekamen die Gäste, die dürfen vorfahren – und die Gäste waren wir. Das war doch mal eine gute Nachricht. Am kommenden Tag fuhren wir wie prophezeit an einer kilometerlangen wartenden Fahrzeugschlange vorbei und stellten uns ganz vorne an. Niemand war böse oder ungeduldig. Einige Fahrer standen immerhin schon gute vier Tage hier, schliefen, tranken Tee oder unterhielten sich, natürlich lautstark gestikulierend.

Wir tankten dreihundert Liter und der Tankwart wollte dafür umgerechnet 20 € von uns haben. Und weil wir aus Deutschland kamen, gab es noch einen Mengenrabatt oberdrauf. Dass der Diesel billig sein sollte, ahnten wir, dass er aber so billig war, sieben Cent je Liter, überraschte uns schon. An der Ausfahrt der Tankstelle verkaufte ein junger Hirte noch leckere Datteln, das Kilo zum Literpreis Diesel, und als ich an einem Kiosk plötzlich die ersten und einzigen Postkarten unserer Reise erblicken sollte, war ich gerührt. Neben dem „Grün-Buch", der „Bibel" Gaddafis, fand

ich Ansichtskarten mit drei verschiedenen Motiven mit ein und demselben Thema: Gaddafi! Gaddafi in Herrscherpose, Gaddafi mit seinen Leibwächterinnen und Gaddafi mit Berlusconi. Ich war entzückt. Zumal diese Postkarten mindestens zehn Jahre auf dem Buckel hatten, vergilbt und brüchig waren und nur darauf warteten, von mir aus dem grün angestrichenen vergitterten Kiosk befreit zu werden. Ich war ganz aufgeregt vor Exotik und griff nach allen. Als ich den Preis für die gut dreißig Postkarten, die ich nun befreien wollte, hörte, verging mir das Lachen. Wenn ein Liter Diesel nur sieben Cent kostete, dann sollten mit den Postkarten die Defizite des Landes offenbar wieder ausgeglichen werden. Der Verkäufer sagte mir einen utopischen Preis von umgerechnet 150 €. Hatte ich mich verhört, oder? Nein, auch mein so geliebtes Handeln nützte in dem Fall überhaupt nichts und der Verkäufer wurde auch noch böse über meine Dreistigkeit, bei den so wertvollen „Gaddafi-Postkarten" auch noch handeln zu wollen. Ich griff mir schließlich fünf Stück und bezahlte widerwillig umgerechnet 25 € zuzüglich der Briefmarken, die natürlich nicht im Preis inbegriffen waren. Diese Karten verschickte ich an Freunde und Bekannte, die diese Karten heute noch als Relikte an ihren Pinnwänden aufbewahren.

Nun noch Wasser auffüllen und dann ab in die Wüste. Es war eine einmalige Wüstentour durch die endlosen Dünen der libyschen Sahara, vorbei an den ungewöhnlichen Mandara-Wüstenseen und den zehntausend Jahre alten Felszeichnungen des Akakus-Gebirges entlang der algerischen Grenze. Immer wieder passierten wir Kontrollposten, an denen wir uns ausweisen mussten, und Mouldi übergab unermüdlich unsere Durchfahrtsgenehmigungen. Auf der Rückfahrt in der Nähe von Tripolis Mitte Januar 2011 bemerkte ich plötzlich, dass der stets so gutgelaunten arabischen Frohnatur Mouldi immer öfter nach Gesprächen mit Einheimischen Falten auf der Stirn standen. Er wurde zu uns wortkarger, telefonierte dafür aber ständig. Ich vermutete privaten Ärger oder gar Liebeskummer

und sprach ihn daraufhin an. Er schüttelte noch einsilbiger den Kopf. Wir fuhren viel und machten immer weniger Pausen. Bis Mouldi eines Abends am Feuer sein Schweigen brach. Er teilte uns mit, dass er sich um unsere Sicherheit Sorgen machte. Er erzählte uns, was in der Gegend zurzeit los war. Wir konnten es ja nicht wissen, ja nicht einmal ahnen, da wir seit über drei Wochen keinerlei Nachrichten empfangen hatten, was wir auch als wohltuend empfanden, sich aber als Krux erweisen sollte. Er erzählte uns von Aufständen in Tunis. Von der Selbstverbrennung des Gemüsehändlers Mohamed Bouazizi am 17. Dezember 2010, der sich südlich von Tunis mit dieser Aktion gegen die Lebensbedingungen in seinem Lande auflehnte.

Jetzt war mir alles klar. Die Dauertelefonate von Mouldi waren kein Liebeskummer, sondern der erste Mediensturm, der nach und nach die arabische Welt erfassen sollte. Und wir waren mittendrin – na prima! Es war die sogenannte Jasminrevolution, die in Tunesien begann. Mouldi machte Stress. Wir standen immer früher auf, fuhren immer zeitiger los und waren länger unterwegs. Oft bis in die Dunkelheit. Er ahnte wahrscheinlich auch warum. Oder er hatte Informationen. Wie auch immer. Wir erreichten Mitte Januar 2011 die tunesische Grenze und reisten mit mulmigem Gefühl aus dem vermeintlich sicheren Gaddafi-Libyen in das vermeintlich unsichere Tunesien ein. Zumal am 14. Januar 2011 in Tunesien auch noch der Ausnahmezustand verhängt worden war. Der tunesische Präsident flüchtete und das Land war im Chaos angekommen. Später sollte sich herausstellen, dass wir großes Glück hatten und es mit Sicherheit auch unserem Guide Mouldi zu verdanken war, dass wir so schnell aus Libyen rausgekommen waren, denn wenige Tage später überrollte der arabische Frühling Libyen und die Grenzen wurden von einem Tag auf den anderen dicht gemacht. Hatten wir noch vor gut zwei Wochen die Verwandtschaft Gaddafis unbekümmert mit ihren V12-Land-Cruisern in den Dünen spielen sehen, so ungewiss war jetzt ihrer aller Schicksal.

An den Schaltern der Fährstation in Tunis war ein unbeschreibliches Chaos. Viele wollten und mussten ausreisen, so auch wir. Geschrei, kleinere Handgemenge, große Familien mit noch mehr Bündeln, über die ich steigen musste, um unsere Tickets zu ergattern. Auf der Fähre nach Genua wurde uns der Ernst der Lage klar, als wir uns das erste Mal in Ruhe mit Tunesiern und anderen Touristen unterhielten. Was aus unseren vielen Bekannten in Libyen geworden war, wussten wir nicht. Was aus Gaddafi wurde, erfuhren wir dann einige Zeit später im Fernsehen. Es waren Bilder von wütenden Menschen, von Waffen, von Zerstörung zu sehen. Unvorstellbar – einige Wochen zuvor in völliger Friedlichkeit teetrinkend und mit den Einheimischen scherzend dazuzugehört zu haben. Wie schnell eine Situation ohne scheinbare Gründe umschlagen konnte, wurde uns in diesen Tagen im Januar 2011 plötzlich bewusst. Und wir waren froh, als einige der letzten Touristen die Schönheiten der libyschen Wüste noch erlebt haben zu dürfen.

Und Sten, was hast du über das Reisen gelernt?

- Teste deine Partnerin, ob sie wirklich abenteuertauglich ist, mit dem Satz: „Schatz, übrigens, das Wasser wird nur zum Trinken verwendet!"
- Bei einer Reise immer an den Spruch denken: „Der Süden hat die Zeit, der Westen hat die Uhren!"
- Nichts geht über Respekt! – Ein kräftiger Händedruck, etwas lauter reden als sonst und beim Handeln auch mal mit einer unverschämten Zahl beginnen – du wirst Respekt bekommen. Zumindest in der arabischen Welt!
- Wo ist es auf Reisen am gefährlichsten? Meine Antwort: „Auf der A9, am Hermsdorfer Kreuz!"
- „Vorwärts leben – rückwärts verstehen" Der dänische Philosoph Søren Kierkegaard hatte damals schon recht!

Morgen kommt der Traktor – Inshallah!

Als unsere besten Reisefreunde Robi und Kati Deutschland den Rücken kehrten, um nach Australien auszuwandern, waren Ede und ich sehr geknickt. Denn Australien liegt mal nicht um die Ecke und so ahnten wir, dass wir uns lange Zeit nicht wiedersehen würden. Dem war jedoch nicht so, denn von nun an gingen unsere Jahresendreisen nach Australien. Schon seit über fünfzehn Jahren machten Ede und ich immer vom ersten Weihnachtsfeiertag bis Mitte Januar unseren Jahresurlaub, und das war gut so. Wir verreisten in einer Zeit, in der es in Deutschland nicht unbedingt immer lauschig war, in sonnenreiche und warme Regionen, was wahrscheinlich mit meinem Vitamin-D12-Mangel zu tun hatte. Denn Vitamin D12 ist ein sehr seltenes und kostbares Vitamin und wird unter anderem durch Sonneneinstrahlung im Körper gebildet. Das ist doch mal 'ne Ausrede: „Tschüss, ich muss weg, meinen Vitamin-D12-Spiegel auffüllen."

Da gibt es übrigens noch eine schöne Geschichte, warum in Naturvölkern wie Indien die vegetarisch lebenden Menschen keinen Vitamin-D12-Mangel haben. Immerhin wird ein Großteil dieses Vitamins auch durch Fleischprodukte aufgenommen. Ihr ahnt es vielleicht schon, aber es kommt noch lustiger. Wissenschaftler haben festgestellt, dass aufgrund der „unhygienischen" Esskultur, zum Beispiel dem Essen von ungewaschenem grünem Blattgemüse, auch tierische Kotreste, Insekteneier, Larven oder Parasiten auf den Speiseteller gelangen. Diese Kotreste enthalten das so kostbare Vitamin D12. Toll, nicht! Also liebe Vegetarier, ab und an mit euern Kindern im Sandkasten um die Ecke spielen, um so den Vitamin-D12-Haushalt aufzupolieren.

Jedenfalls war es aus unserer Sicht immer genial, pünktlich am 25.12. in den Flieger oder in den Geländewagen zu steigen.

Die Vorweihnachtszeit und der Heiligabend als unsere Familien-höhepunkte waren vorbei. Die ganze Familie war glücklich und wir gingen mit diesem schönen Gefühl auf Reisen und waren eben mal weg. Wir hatten dabei nicht mal ein schlechtes Gewissen, denn ehe unsere Kunden Anfang Januar wieder erwachten und bemerkten, dass wir nicht da waren, war es auch schon Mitte Januar und wir kamen bestens aufgetankt aus unseren Abenteuern zurück: „Mitten im Zyklon auf der Canning Stock Route" in Australien oder „Ede – der Tanz mit den Himbas" in Namibia oder aber „Hallo ADAC, stecken mit Differentialschaden in der Sahara fest!" im tunesischen Sperrgebiet. Zum Sahara-Abenteuer jetzt die ganze Geschichte.

Wie es dazu kam? Ganz einfach, wenn man mit dem falschen Fahrzeug und überladen durch die Dünen hoppelt. Dass Ede und ich dicke Wüstenliebhaber waren, machte die Entscheidung sehr einfach, mit unseren Freunden das Abenteuer Sahara in Angriff zu nehmen. „Auf der Suche nach dem verlorenen See von Le Lac" sollte die Expedition heißen. Irgendein Ziel und ein Projektname mussten ja her. Also packten wir unsere Geländewagen. Robi sei-nen blauen Nissan Pick-up – er liebt übrigens Pick-ups, weil sie so schön praktisch sind und er gern auf der Ladefläche schläft. Wir hatten zum damaligen Zeitpunkt einen schwarzen Jeep Cherokee 2.5 Diesel. Nicht eben die Granate, wenn es durch die Dünen ging. Der Motor war zu schwach, und überladen war er wie gesagt auch hoffnungslos, denn für unsere Expedition brauchten wir neben unserem Tank noch zehn Kanister, um die einsame Stre-cke zu bewältigen. Also entfernte ich die Rücksitzbank und mon-tierte an dieser Stelle die Kanister. Zum Schlafen baute ich eine zweite Ebene ein, so dass wir kurz unter dem Dach im Fahrzeug übernachten konnten. War schon toll, wenn man keine Platzangst hatte. Denn die Liegefläche war so dicht unter der Fahrzeugdecke, das man nicht mal ein Buch lesen konnte, geschweige denn sich im Schlaf herumdrehen. Ich habe mal gelernt, dass der Abstand min-destens zwanzig Zentimeter betragen müsse, damit sich das Auge

scharfstellen kann. Diese zwanzig Zentimeter hatten wir halt nicht mehr zur Verfügung. Na ja, macht nichts, wurde eben nicht mehr gelesen vor dem Einschlafen in der Wüste.

Übrigens ist die Sahara gar nicht so weit weg. Immer, wenn ich jemandem von unseren Sahara-Geschichten erzählte, ging eine unbegründete Bewunderung durch das Gespräch, unbegründet deshalb, weil die Sahara näher ist als manch einer denkt. Von Mitteleuropa aus ist man schließlich in nur drei Tagen in den Sanddünen der Sahara. Ein Tag bis Genua, ein Tag mit dem Schiff über das Mittelmeer und ein Tag von Tunis bis Douz. Hier fangen die Dünenfelder an und das Abenteuer Sand-in-den-Kopf-stecken kann beginnen.

In Douz besorgten wir uns die Genehmigungen für das Sperrgebiet im südlichen Tunesien, dort wo die Dünen so hoch sind, dass man an der ersten Dünenkante mit Herzklopfen steht und besorgt die einhundert Meter nach unten schaut. Nach der dritten und vierten Dünenabfahrt geht es dann, wie alles im Leben bekommt man Routine, man weiß, was passiert, wenn man über die Dünenkante mit dem Fahrzeug abkippt und dass es doch nicht so schlimm ist, wenn man dann unten angekommen ist. Wir frästen uns von Tag zu Tag immer weiter in die Dünen der Sahara und erwachten eines Morgens bei –6°C vor Kälte sehr früh, die Sonne war kaum aufgegangen. Als wir uns aus unserem Hochbett im Jeep in den Sand fallen ließen, trauten wir unseren Augen nicht. Die ganze Wüste, so weit wir sehen konnten, hatte sich mit einer dünnen Eisschicht überzogen.

Langsam stieg die Sonne höher und mit ihr erwärmte sich der Sand und ließ in Sekundenschnelle das dünne Eis so schmelzen, dass bizarre Formen aus den Eis-Sandstrukturen entstanden. Wir verschwanden in den Nebelschwaden und betrachteten dieses Naturschauspiel wie gebannt, denn in wenigen Minuten war mit steigender Sonne das Phänomen vorbei und das Eis verzog sich in die Schatten der Dünen. Aus den Minusgraden der Nacht wurden

schnell Plusgrade. Die Sonne, der Sand, die Stille ließen trotz Kälte ein Wohligkeitsgefühl aufkommen. Wir erreichten „Le Lac" inmitten der Dünen. Ein versteckter einsamer See, mit etwa fünfzig bis einhundert Metern Größe, der bei Probebohrungen nach Erdöl entstanden war und seitdem sein warmes und schwefelhaltiges Wasser durch die verrosteten und zu Skulpturen gewachsenen Rohre wie Fontänen aus Springbrunnen an die Oberfläche drückte. Überall lagen Bohrgestänge und alte verrostet Bohrköpfe verweht im Sand und mitten im See befanden sich noch die Reste der Bohranlage. Just an diesem so einsamen See trafen wir drei Reisende aus Bayern, die ebenso wie wir mit ihrem Geländewagen unterwegs waren. Wir saßen gemeinsam am Feuer, öffneten eine Büchse Bier nach der anderen und erzählten uns Geschichten. So wurde uns die Geschichte von ihrem vor Jahren in der Wüste liegengebliebenen Geländewagen erzählt, der mit Müh und Not mit Hilfe eines einheimischen Unimogs aus den Dünen gezogen worden war. Die ganze Aktion hatte sie 2.000 Euro gekostet. Ich staunte nicht schlecht und war der Meinung: „Da habt ihr euch aber mächtig über den Tisch ziehen lassen! Mit dieser hübsche Summe lebt hier in der Wüste eine Familie bestimmt ein gutes Jahr!"

Die Bayern gaben uns trotzdem noch die Karte des „Super-Abschleppdienstes" und wir verabschiedeten uns am nächsten Morgen in verschiedene Richtungen. Der Sand wurde immer schwerer und die Dünen immer höher. Die Landschaft veränderte sich ständig, von kleinen unruhigen Dünen zu großen trichterartigen Dünenfeldern mit etwa fünfhundert Metern Durchmesser. Wir passierten ein Dünenfeld nach dem anderen, nahmen zigmal Anlauf, um über einzelne fiese Dünenkämme zu kommen und ich merkte, wie unser Jeep an seine Grenzen geriet. Dazu hörten wir immer mal wieder schabende metallische Geräusche von der Hinterachse, die von Düne zu Düne beängstigender wurden. Ich fuhr wie mit „angezogener Handbremse", immer öfter blieb ich selbst bei einfachen

Passagen stecken und zweifelte an meinem Sand-Fahr-Können. Ede fragte mich schließlich, ob alles okay war?

„Ja, ja, alles okay!", log ich aus Überforderung. Aber Ede durchschaute mich sofort. Bei uns läuft irgendwie ein direkter unsichtbarer Draht von Kopf zu Kopf. Wir ahnen immer, was dem anderen gerade so durch den Kopf geht. Schon an Blicken oder Gesten aus dem Augenwinkel fühlen wir uns oft gegenseitig ertappt. Das ist unbequem, jedoch erspart es langwierige, zusammenhangslose Erklärungen. Wie sahen uns an, ich nahm den CB-Funk aus der Halterung und funkte Robi, der vor uns fuhr an, stehen zu bleiben. Am Grund eines etwa fünfhundert Meter großen Sandkessels machten wir Pause und testeten unser Fahrzeug. Diagnose – der Jeep fuhr nicht mehr mit Allrad, sondern nur noch mit Vorderradantrieb. Irgendetwas stimmte mit dem Hinterachsdifferential nicht. Das erklärte natürlich auch das Gefühl, wie in Honig zu fahren, und den Umstand, ständig stecken zu bleiben. Die Sonne stand bereits tief am Horizont, wir holten unsere Klappstühle raus und schauten uns alle vier etwas ratlos an. Denn wir ahnten, dass die Fahrt an dieser Stelle für uns erst einmal vorbei sein würde. Hier mitten in der Wüste, im Niemandsland. Ich wusste, dass ich keinesfalls aus diesem Sandkessel ohne Allrad rauskommen würde. Auch nicht mit Hilfe von Robis Nissan. Der Abend war äußerst einsilbig und einer der wenigen ohne ein Feuer. Wir gingen zeitig zu Bett und verschoben unsere Gedanken auf den nächsten Morgen, in der Hoffnung auf Selbstheilung. Doch auch am nächsten Morgen, wir waren alle sehr früh wach, hatte die Selbstheilung unseres Jeeps noch nicht eingesetzt. Er stand, wie er stand. Nun wurde uns klar, wir mussten ihn hier zurücklassen.

Wir speicherten die GPS-Koordinaten, um das Fahrzeug wenigstens wiederfinden zu können, nahmen einige wenige Sachen mit, schlossen ab und trotteten unbehaglich hinter Robis Nissan her. Mitfahren konnten wir nicht, denn es war ein Zweisitzer und außerdem war das Gelände so schwer, dass wir teilweise mit Lau-

fen schneller waren. Wir liefen und liefen und liefen den ganzen Tag und kamen nach dreißig Kilometern zur Erdölbasis El Borma. Hier wurde mitten in der Wüste nach Öl gebohrt. Wir passierten einen Armeekontrollposten und suchten den Chef des Ölfeldes auf. In einem mit edlem dunklem Holz vertäfelten Besprechungsraum wurden wir an einem überdimensionalen fünf Tonnen schweren Besprechungstisch vom Chef der Bohrstation freundlich, wie immer mit schwarzem Tee, aber mit ernster Miene empfangen. Wir schildere unsere missliche Lage recht ausführlich. Die Antwort kam: „Welcome in Tunisia – you are our special guests!" Wir bekamen eine Unterkunft, waren Ehrengäste in der Offiziersmesse und man bewirtete uns mit allem, was die arabische Gastfreundschaft so zu bieten hatte.

Doch das Beste sollte noch kommen. Auf unsere Frage nach einem LKW oder Traktor, die ja so eine Ölstation sicher haben musste, kam prompt die Antwort vom leitenden Offizier. Wir sollten morgen acht Uhr am Kontrollposten sein, dann würde ein Traktor uns rausschleppen. Überglücklich über den ersten Erfolg schliefen wir ein und waren, wie es sich gehörte, Punkt acht Uhr am Kontrollposten. Wir wurden wieder mit Tee begrüßt und waren eine willkommene Abwechslung für die Kontrollposten. Wir wurden nach unseren Familien gefragt, nach unseren Kindern, nach unserem Heimatland. Es ging auf Mittag zu und das Essen kam. Wir waren natürlich wieder eingeladen. Um nicht unhöflich zu sein, vermieden wir es, mit der Tür ins Haus zu fallen und nach dem Traktor zu fragen. Wir wussten ja schließlich, dass es in der arabischen Welt mit den Uhrzeiten so eine Sache war.

Es wurde Nachmittag, als ich zögerlich nach dem Traktor fragte. Der leitende Offizier schaute uns an und schlug mir väterlich auf die Schulter. „Tomorrow seven o'clock!", war seine Antwort. Der nächste Tag sollte in ähnlich entspannter und gastfreundlicher Atmosphäre verlaufen wie der Tag zuvor. Nur diesmal spielten wir bereits mit den Dienstmützen und den Kalaschnikows der Kont-

rollposten rum. Und die Antwort auf die Frage nach dem Traktor war eine ähnliche wie tags zuvor. „Tomorrow, sure!"

Als sich drei Tage lang außer Teetrinken, über Familien reden und zum Essen eingeladen werden nichts Konkretes ergab, dämmerte es uns so langsam, dass wir unsere Geschicke in die eigenen Hände nehmen mussten. Im Nachhinein hat mich ein arabischer Freund, dem ich diese Geschichte erzählte, aufgeklärt: „Sten, das ist Gastfreundschaft bei uns Arabern. Dem Gast nicht wehtun zu wollen, sondern sich alles zu wünschen, was auch der Gast sich von Herzen wünscht. Und das war in euerm Fall der Traktor, der kommen sollte! Versteht ihr, man hat sich mit euch gewünscht, er möge morgen kommen, der Traktor – Inshallah." Dieses Erlebnis sollte mich und uns viel über unsere zukünftigen Reisen lehren. Nicht mit der Tür ins Haus zu fallen, sich aber auch nie zu sehr auf Versprechungen anderer verlassen. Einen Plan B und C sollten wir uns von da an selber machen.

Am dritten Tag kamen wir mürrisch und unausgeschlafen auf einen Tee vorbei. Wir glaubten schon nicht mehr an den ominösen Traktor und das war gut so, denn es gab keinen, das erkannten wir, ohne den Soldaten böse zu sein. Ich erinnerte mich an das Gespräch mit den Bayern am Lagerfeuer und zog aus irgendeiner Jackentasche die zerknitterte Karte des Abschleppdienstes heraus. Darauf waren das Bild eines grünen Bundeswehr-Unimogs, ein Name und eine Telefonnummer. Warum mir das nicht schon eher eingefallen war? Ich wusste warum! Ich packte mein Iridium-Satellitentelefon aus, wählte die Nummer und hörte am anderen Ende irgendwo im Weltraum die monotone Stimme von R2-D2: „Please wait, you will be connected!" Jeder, der so ein Satellitentelefon hat, kennt die nette Stimme dieses weiblichen Computers, der einen erschaudern lässt. Es klingelte und tatsächlich nahm am anderen Ende jemand ab. Ich erklärte kurz und bündig auf Englisch, worum es ging. Und die andere Stimme sagte zu mir. „No problem, we need three days, it costs 2.000 Deutschmark!"

Deutschmark, das stand natürlich für Euro, da gab ich mich keiner Illusion hin!

Da war es, das Déjà-vu! Ich hörte den Bayern ganz leise im Satellitentelefon lachen. Doch mir fiel ein Stein vom Herzen, nur zweitausend Deutschmark-Euro für die Anfahrt über fünfhundert Kilometer, die zweimal dreißig Kilometer harte Bergung durch die Dünenfelder und dann wieder zurück. Ich willigte aufgeregt ein und sagte zu Ede, um mein Gesicht nicht zu verlieren, dass es ein fairer Preis war. Zwei Tage später sollte dann tatsächlich ein grüner Unimog aus Bundeswehrbeständen mit dem schönen Codenamen „Weser" vor uns stehen. Drei junge Araber mit Turban sprangen heraus, begrüßten mich, machten ein kleines Feuer neben dem Unimog, kochten mit einer kleinen rostigen Metallkanne Tee und wollten keine Zeit verlieren. Ach ja, der Vorschuss war natürlich fällig. Ich zog meinen Geldgürtel aus der Hose, wo ich immer zweitausend Euro auf Reisen als Reserve mithatte, und besiegelte die geforderte fünfzigprozentige Anzahlung mit Handschlag. Alles lief wie am Schnürchen und ich hatte den Eindruck, dass die Jungs das nicht zum ersten Mal machten und wussten, was zu tun war. Durch unsere gespeicherten GPS-Koordinaten fanden wir unseren Jeep, die hintere Kardanwelle wurde ausgebaut und das Fahrzeug wurde an den Haken der „Weser" genommen und ohne Rücksicht auf Verluste durch die Dünen gezogen. Nach zwei Tagen waren Ede und ich und die drei Araber wieder zurück am Kontrollposten und somit auf der Piste. Geschafft von dem Bergungsabenteuer war die Restsumme fällig, die ich wieder aus meinem Spendergürtel zog. Ich übergab die mehrfach geknickten Scheine dem Fahrer und traute meinen Augen nicht, als dieser mir aus einem deutschen Quittungsblock von Herlitz einen Beleg ausstellte und kurz angebunden zu mir sagte: „Your receipt for the German ADAC!" Und als er mir noch den Tipp gab, bei der Abrechnung mit dem ADAC nicht „Abschleppen", sondern „Bergen" anzugeben, um das Geld wiederzubekommen, staunte ich nicht schlecht. Mit so viel

Service hatte ich nun wirklich nicht gerechnet. Und tatsächlich bekam ich, genau wie der Tuareg von der „Weser" vorausgesagt hatte, einig Monate später prompt mein Geld vom ADAC wieder. Wie gesagt, er war ein Profi auf dem Gebiet.

Und Sten, deine Tipps für Problemlösungen?

- Rede mit vielen Menschen, auch wenn du mal keine Probleme hast. Das Sechs-Hände-Prinzip funktioniert nicht nur in der arabischen Welt.
- Lache nie über andere! Schneller, als du denkst, wird es dich treffen.
- Hab immer einen Geldgürtel dabei. In der Sahara sollten mindestens 2.000 € drin sein.
- Es ist egal, wie viele Fremdsprachen du sprichst, deswegen kommt noch lange kein Traktor.
- Die leidvollsten Stunden werden deine schönsten Erlebnisse.
- Nie eine Visitenkarte achtlos wegwerfen. Sie könnte dein Leben retten.
- Je aussichtsloser die Lage, umso weniger spielt Geld eine Rolle.
- Nicht „Abschleppen", sondern „Bergen" heißt das Zauberwort!

Rüdiger Nehberg und der Tunnelblick.

Ab einem bestimmten Alter wirst du von Bekannten plötzlich mitten in Gesprächen Merkwürdiges gefragt: „Sag mal, nimmst du auch Herztabletten?"

Anfänglich verstand ich die Frage nicht. Warum sollte ich Herztabletten nehmen, wo ich mich doch wie Mitte Dreißig fühlte. Innerlich war ich über diese Altmännergespräche empört, doch irgendwann sollte ich es verstehen. Eines Tages, in dieser von mir so geliebten Schmuddelwetterzeit im November, stieß ich mitten auf der Straße mit dem Abenteurer und Überlebenskünstler Rüdiger Nehberg zusammen. Also nicht wirklich, nicht so richtig, sondern nur mit seinen Pappkameraden, die mit Kabelbindern befestigt immer so nett alle Laternenmasten verschönerten. Ich stieß also mit Rüdigers Abbild so zusammen, dass ich es als ein Zeichen deutete, zu seinem Lichtbildvortrag über eine seiner Abenteuerreisen gehen zu müssen. Da ich Fan von Rüdiger Nehberg bin, fiel es mir nicht sehr schwer. Ich kaufte vier Karten, ohne zu wissen, ob unsere Freunde Robi und Kati, die in den nächsten Monaten nach Australien auswandern wollten, Zeit hatten. War mir egal, denn manchmal müssen es eben vollendete Tatsachen sein, die Entscheidungen leichter machen, und auf eine Doodle-Session hatte ich keinen Bock. So erleichtert man Entscheidungsfindungen und wir gingen gemeinsam hin, obwohl es mir ausgerechnet an dem Abend des Vortrages nicht gut ging. Ich fürchtete mich etwas vor der stickigen und schweißigen Luft, die bei solchen Massenveranstaltungen immer in der Hörsaalluft hing. So war es auch diesmal. Schwitzende Menschenmassen mit dicken Wildnis-Outdoorjacken drängten in den überheizten Saal. Wie in einem Amphitheater saßen alle gespannt da und starrten nach vorn, als das

dünne drahtige Männchen Rüdiger plötzlich auf dem Podium zu reden begann.

Irgendwie hatte ich ihn mir größer vorgestellt, aber das war bei Til Schweiger auch so, als er mir an der Binnenalster in Hamburg mit einem Kamerateam über den Weg lief. Mann, ist der klein, dachte ich mir so, das kommt im Film immer gar nicht so rüber. Was doch alles kaschiert werden kann. Aber Rüdiger stand jetzt in echt vor mir, wenn auch in zwanzig Metern Entfernung. Ich schwitzte schon, und der Vortrag hatte noch gar nicht so richtig begonnen. Er war noch bei der Vorrede über seine Zeit als Bäckermeister. Über die Eintönigkeit seines Handwerks und über die Sehnsüchte, nicht jeden Tag in der Nacht um zwei Uhr aufstehen zu müssen, um kleine Brötchen zu backen. Das Licht ging aus und der Vortrag begann. Vom Bäcker zum Abenteurer, das war schon ein Karrieresprung. Er hüpfte mit seinen achtzig Jahren wie ein Rumpelstilzchen auf der Bühne auf und ab und es wechselten sich Selbstporträts mal mit einem Haigebiss, mal mit einer Vogelspinne oder gar mit einem Python in Form eines Turbans auf dem Kopf ab. Ein lustiger Typ, dachte ich mir so, als ich mich immer unwohler zu fühlen begann. Aber ich war ja eingekeilt in den Hörsaalbänken. Rechts neben mir Robi und links neben mir Ede und Kati und noch einige andere, die ich aufscheuchen müsste, wenn ich raus wollte.

Also Sten, denk gar nicht erst dran, hier kommst du nicht raus, ohne den Zorn von Rüdiger auf dich zu laden. Ich konnte mich immer schlechter auf den Vortrag konzentrieren und horte immer mehr in mich hinein. Wer kennt nicht das Gefühl, wenn plötzlich die Spucke im Mund anfängt, immer flüssiger zu werden. Man schluckt und schluckt und schluckt, doch es wird immer mehr und immer dünner. Ich hatte das Gefühl, als krümmte sich der Raum und dehnte sich die Zeit. So wie bei Einstein. Rüdiger begann, sich mehr und mehr von mir zu entfernen und alles um mich herum wurde seltsam dumpf, so wie wenn man durch einen verschneiten

Winterwald stapft, alle Geräusche verschluckt werden und man seinen eigenen Pulsschlag laut und deutlich als einziges Geräusch wahrnimmt. Rüdiger war inzwischen bei seinem Lieblingsthema im Vortrag angekommen. Ich sah blutverschmierte afrikanische Frauenkörper, die mit einer rostigen Rasierklinge brutal beschnitten worden waren. Das war Rüdigers rastloser Einsatz gegen die Beschneidungsrituale afrikanischer Frauen.

Immer mehr Bilder – das gab mir dann noch den Rest. Ich war im Tunnelblick angekommen. Alles dehnte sich immer weiter und ich merkte, wie plötzlich jemand bei mir das Licht ausmachte. Wie in einem Traum hörte ich von sehr weit weg jemanden rufen: „Keine Panik, ich bin Rettungssanitäter. Ich habe alles im Griff!" Ich hörte ein seltsames Klatschen, das immer näher kam, und es machte auch jemand wieder bei mir das Licht an. Ich starrte mit aufgerissenen Augen Robi an, der neben mir saß, mich mit der einen Hand stützte und mir mit der anderen ständig unangenehm ins Gesicht klatschte.

Als ich wieder zu mir kam, merkte ich, dass ich beinahe der Mittelpunkt des Vortrages war. Aus der Dunkelheit starrten mich Gesichter aus der Reihe vor mir fragend an. Robis sichere Stimme von rechts, sein fester Griff, sein Klatschen und die Aussage, dass er als Retter alles im Griff hätte, ließ die Situation reichlich komisch erscheinen. Mit zittriger Stimme fragte ich völlig fassungslos, was denn los sei. Robi in seiner trockenen Profi-Retter-Art erklärte mir völlig pathologisch, dass ich gerade mal für einige Sekunden abgeklappt und ohnmächtig gewesen war und er mich mit netten Klatschern ins Gesicht wieder zurück zu Rüdigers Vortrag geholt hatte. Mann, war mir das peinlich, und das bei einem Abenteuervortrag von Nehberg, auch wenn er es vermutlich da vorne auf seiner großen dunklen Bühne gar nicht mitbekommen hatte. Ich war schwitznass und alles um mich herum beruhigte sich wieder. Erschrocken hörte ich wieder Klatschen. Das Licht ging an, alle verließen den Saal, nur wir vier saßen noch etwas ratlos in

unseren Bänken. Ratlos, was denn mit mir passiert war. Es entstand ein Patientengespräch zwischen der Ärztin Kati, Robi, dem Sanitäter im Einsatz, und mir. Die Spezialisten im Hörsaal waren sich einig, ich war über fünfzig und dadurch gehörte ich schließlich zur Risikogruppe. Ich hörte brav zu und sah Rüdiger Nehberg zu, wie der auf der Bühne in aller Ruhe seine sieben Sachen packte. Nun war also Rüdiger Schuld am Rundumcheck, den ich in den nächsten Wochen über mich ergehen lassen sollte. Das war kein richtiges Abenteuer, aber eine Art Überlebenstraining war es doch schon. Danke Rüdiger.

Ach ja, was ist rausgekommen bei dem Ein-Tages-Rundum-Komplett-Check?

Seitdem nehme ich „Atakand Plus" und kann nun mitreden, wenn es um das Thema Herztabletten geht.

Und Sten, was ist wirklich peinlich?

- Nichts ist peinlich! Peinliche Situationen finden nur in deinem Kopf statt.
- Umgib dich immer mit den richtigen Menschen. Mindestens eine Ärztin und ein Retter sollten dabei sein.
- Wenn du einen Tunnelblick hast, genieße diesen, denn du wirst bald im Mittelpunkt stehen.
- Setz dich immer strategisch günstig. Es könnte ja auch mal langweilig werden und du willst gehen.
- Erkenne immer die Chancen, auch in misslichen Situationen.
- Erlebnisse sind dazu da, später etwas Tolles zu erzählen zu haben.
- Wer weiß, wozu es gut war! Schließlich wärst du nie freiwillig zum Rundum-Gesundheits-Check gegangen.

# Opa Werner im Jahre 1944 wiedergetroffen.

Es gibt Geschichten, die kündigen sich schon Jahre vorher an. Diese hatte sich bereits Jahrzehnte vorher in mein Leben geschlichen – und zwar auf ganz leisen Sohlen. In meiner Kindheit besuchte ich in den Ferien oft meine Großmutter Charlotte in Rastenberg. Nicht zu verwechseln mit Rastenburg, genau dem Rastenburg, wo die berühmt-berüchtigte „Wolfsschanze" in Ostpolen liegt. Womit wir auch schon beim Thema wären. In dem Rastenberg meiner Großmutter schlich ich regelmäßig heimlich auf dem Dachboden herum, was streng verboten war. Warum, weiß ich bis heute nicht, aber so war das damals – da ging es ums Prinzip. Ich schlich mich jedenfalls wieder einmal auf den Dachboden meiner Träume und begutachtete all die wundersamen Dinge aus längst vergangenen Zeiten. Alte Schlitten stapelten sich, daneben Schränke mit Leinenstoffen abgedeckt. Meine Lieblingsecke befand sich in einem der hinteren Räume und war mit einer verschlossenen Tür abgetrennt, aber ich wusste, wo der Schlüssel war. Stuhl, Zehenspitzen, nach dem Schlüssel blind angelnd hielt ich immer die Luft an, um ja keine Geräusche zu machen. Streng geheim wie ihr wisst. Ich öffnete den Raum und es kam mir jedes Mal vor, als würde ich eine vergangene Welt betreten. Ich schloss mich ein, so hatte ich Zeit, alles auf mich wirken zu lassen. Eine alte Zither, Fotoalben, ein antiker Wehrmachtsstahlhelm und eine Gasmaske, die dermaßen nach altem Gummi roch, dass mir jedesmal schlecht wurde beim Aufsetzen.

Ich blätterte in den alten Fotoalben der Vergangenheit meiner Familie. Hochzeitsbilder, Familienbilder, Porträts – alles sah sehr inszeniert aus, als ob es das letzte Bild wäre.

Auch eine Karte kam mir in die Hände, eine sehr liebevoll mit Aquarell und Tusche gezeichnete Karte. Ich dachte jedes Mal, das muss er sein, der Schatz, irgendwo bei Bialystok in Ostpolen – und da stand ein Datum, der 15.8.1944.

Erst Jahrzehnte später sollte ich erfahren, dass dies keine wirkliche Schatzkarte, sondern die Karte meines an der Ostfront im August 1944 gefallenen Opas Werner war.

Dann war es soweit. Die Zeit war reif, meinem Opa einen Besuch abzustatten. Da sich bisher noch niemand aus meiner Familie aufgemacht hatte, ihn zu besuchen, sollte ich wahrscheinlich an der Reihe sein, das Geheimnis zu lüften. Ich machte Ede und die Kinder heiß auf dieses Abenteuer und wir beschlossen, nach Ostpolen zu fahren.

Noch einmal zur Karte. Es war nicht einfach eine schnell hingekritzelte Zeichnung. Nein, sie war eine mit Leidenschaft kolorierte und mit Detailtreue versehene Abbildung der Todesumstände meines Großvaters. Immer wieder kreisten meine Blicke um das Epizentrum der Schatzkarte, wie ich sie immer noch nannte. In diesem Zentrum befand sich ein Kreuz mit einem Ehrenkranz an einem Häuschen und der Beschriftung „Forsthaus". Zwei Bäche und einige Wege sowie eine Eisenbahnstrecke markierten das Gebiet sehr genau. Sogar die Wald- und Sumpfflächen waren klar verzeichnet. Diese schienen den Soldaten, wie mir schien, besonders wichtig gewesen zu sein.

Meine Fantasie entwickelte so langsam den Film zur Geschichte meines Großvaters Werner. Was mich besonders beeindruckte, war die Tatsache, in welcher Detailtreue diese Zeichnung mitten im 2. Weltkrieg 1944 angefertigt worden war. Vor meinem inneren Auge sah ich einen in Gedanken versunkenen, mit Aquarellfarben malenden Soldaten in grüner Filzuniform, dem pfeifend die Geschosse um die Ohren flogen. Er hatte jedoch eine wichtige Aufgabe. Sein Kamerad Werner hatte ihm mit Sicherheit noch einen letzte Wunsch mit auf den Weg gegeben: *Bitte überreiche meiner*

Familie meine goldene Uhr und eine Zeichnung meines Grabes, wenn du nach Rastenberg nach Hause kommst.

Das mit der goldenen Uhr ist übertrieben, jedoch die „Schatzkarte" gab es zum Glück. Wir machten uns auf den Weg in die Vergangenheit. Die Orte in Ostpolen zogen an uns vorbei, Rastenburg, die „Wolfsschanze", aber auch wunderschöne Alleen mit Kopfsteinpflaster, die mit Sicherheit noch aus der Zeit vor dem 2. Weltkrieg stammten. Alles atmete in unseren Sinnen Geschichte. Wir näherten uns vorsichtig, erkannten die Bahnstrecke, erkannten die Bäche und Wälder, erkannten die Waldstücke und suchten nach dem Forsthaus auf der Karte. Fuhren Waldwege zigmal ab, redeten mit Bauern in einer Sprache, die wir nicht verstanden, und fühlten uns auf heiligem Boden. Unsere Gespräche abends am Lagerfeuer waren ehrfürchtig und leise, als würde jederzeit jemand aus dem Dunkeln hervorkommen, um sich mit seiner grünen Filzuniform zu uns zu setzen, sein Gewehr an den Baum zu lehnen, um mit uns über das gestrige Gefecht und den Tod eines Kameraden zu reden. „Ihr seid gekommen, so schnell … Ja, gestern ist er hier gestorben, direkt neben dem Forsthaus hat es ihn erwischt – aus dem Hinterhalt. Und nun seid ihr hier!"

Die Geschichten, die wir vier uns am Feuer erzählten, wollten gar nicht aufhören, denn die Karte des Kameraden ließ so viele Geschichten entstehen. Es war schon ein emotionaler Abend, der irgendwie nicht zu Ende gehen wollte. Denn niemand von uns wollte als Erster ins Bett gehen, denn jeder fürchtete sich vor der Stille und der Dunkelheit und den Geschichten im Kopf.

Der neue Morgen war noch bedrückender als der Abend am Feuer. Niemand sprach ein Wort. Es gab Rühreier mit Speck an diesem sonnigen Morgen. Auch wenn wir am nächsten Tag nach dem besagten Forsthaus weitersuchten, irgendwie hoffte jeder, es nicht zu finden, um die im Kopf entstandenen Geschichten nicht zu entzaubern. Wir fanden es natürlich nicht, wussten aber aus der Landschaft und den Beschreibungen, dass wir uns ganz in der

Nähe befinden mussten. Wie beim Pilzesuchen durchstreiften wir das Wäldchen, bis wir auf die verfallenen Überreste von Schützengräben und einen hölzernen Unterstand stießen. Wie gebannt blieben wir stehen und beschlossen, das Grab gefunden zu haben.

Was ich vergaß zu erwähnen: Mein Onkel, der Bruder meines Vaters, gab uns ein eigenhändig solide gezimmertes Holzkreuz aus Eiche mit. Irgendwie warteten wir auf die Stimmen vom gestrigen Abend als Bestätigung des richtigen Standortes. Denn wir hatten ja schließlich einen Auftrag, der bestmöglich ausgeführt werden sollte. Als nun noch ein greller Lichtstrahl auf das Stückchen Boden vor uns fiel, war alles klar.

„Hier ist es", sagte ich und jeder von uns wusste, was er zu tun hatte. Elias grub ein Loch, Paula flocht aus Roggenähren einen Kranz. Ein bewegender Moment – das Kreuz stand, der durch die Kronen des Waldes dringende Lichtstrahl ließ das Kreuz in einem mystischen Glanz erscheinen und eine moosige Stille breitete sich um uns herum aus. Keiner redete, keiner bewegte sich. Ich hatte das Gefühl, dass auch keiner atmete. Wir hielten nicht nur die Luft an, sondern auch die Zeit. Der Lichtschein verblasste langsam und das Kreuz fügte sich aus dem Licht in die Landschaft ein.

Ich frage mich oft, ob es heute noch da steht. Ob Schnee auf dem Kreuz liegt, ob Vögel sich ab und an darauf setzen und was wohl Pilzsucher sagen, wenn sie auf das Relikt stoßen. Vielleicht verschlägt es mich oder eines unsere Kinder mal wieder in die Gegend - wer weiß. Jedenfalls habe ich so meinen Großvater Werner nach knapp siebzig Jahren wiedergetroffen – welch ein geplanter Zufall!

Und Sten, was hast du daraus gelernt?

- Bestimmte Dinge muss man zu einer bestimmten Zeit machen.
- Familie ist wichtig, überall!
- Es gibt viele „Schatzkarten" im Leben, man muss sie nur erkennen und deuten.
- Wer weiß, an welchem „Forsthaus" man selbst einmal sterben wird.
- Vergangenheit ist wichtig, Zukunft ist wichtiger!

 ## Das Vertrauenstraining – mit verbundenen Augen fahren lernen.

Wenn ich so zurückblicke, hatten sehr viele Erlebnisse der Vorbereitungsphase mit dem Fahren zu tun. Vielleicht, weil wir glaubten, dass diese Tätigkeit, die ja einen Großteil unserer Reise ausmachen würde, so wichtig sein sollte und viele Gefahren – wie der Name schon sagt – beim Fahren entstehen würden. Im Nachhinein hätte ich lieber mein Russisch aufpolieren sollen, statt an meinem Offroad-Fahrstil zu feilen. Notgedrungen verlegten wir unsere Testfahrten von der libyschen in die Senftenberger Wüste. Dort hatten wir vor Jahren einen Tourguide kennengelernt, der uns einige Jahre später an unsere Grenzen bringen sollte.

Steffen, besagter Tourguide und im bürgerlichen Leben Rettungssanitäter, trainierte Jahr für Jahr unsere Belastbarkeit. Mit unserem Geländewagen ging es regelmäßig unter seiner Anleitung in die endlosen Weiten der Senftenberger Tagebaurestlöcher. Gebiete, wie für eine Filmkulisse gemacht. Hier lernten wir unser Teamworking beim Fahren, aber auch beim Bergen und noch mehr beim Einweisen. Hier wurden Ede und ich von Steffen belastbar gemacht, und immer wenn eine besonders steile Abfahrt anstand, leitete Steffen diese mit den Worten ein: „So, nun eine anspruchsvolle Passage! Ede wird uns jetzt einmal vorführen, wie solch eine Steilabfahrt perfekt zu nehmen ist." Er drehte sich zu ihr um und Ede starrte ihn an, kreidebleich. Die anderen Teilnehmer, besonders die Männer, starrten Ede ebenso an, kreidebleich. Bis jemand aus der Menge meinte: „Da sollen wir jetzt runterfahren?" Doch Steffen öffnete bereits die Tür unseres Geländewagens und schubste Ede freundlich, aber bestimmend, auf den Fahrersitz, um es den anderen, wie er sagte, mal so richtig zu zeigen. Wie hypnotisiert nahm Ede ihr Schicksal an, schob sich den Sitz zurecht

und starrte immer noch Steffen an, der die Prozedur erläuterte. Mechanisch vertraute Ede seinen Anweisungen, der Wagen bewegte sich und kippte und kippte und kippte, bis er fast senkrecht Zentimeter um Zentimeter kontrolliert nach unten rollte. Nach dreißig Metern Abfahrt war er unten angekommen. Die Tür ging zögerlich auf und eine Ede mit hochrotem Kopf stieg aus. Alle klatschten und johlten. „Respekt Ede!", sagte ich. „Bei mir hättest du es nicht gemacht, warum dann bei Steffen?"

Die Antwort kam wie eine Ohrfeige: „Ja, zu Steffen hab ich eben Vertrauen!" Nun war es raus, das war also unsere Baustelle. Wie wollten wir uns auf eine Weltreise machen, wenn Ede mir nicht vertraute? Diese Aussage von Ede beschäftigte mich noch das ganze Wochenende, so dass ich immer etwas abwesend und grübelnd dastand. Steffen, der alte Psychologe, bekam das natürlich mit und am Ende des Wochenendtrainings nahm er uns beiseite. „Ihr müsst an eurem Vertrauen arbeiten, sonst kommt ihr einzeln wieder." Durch seine Beobachtungen traf er den Nagel auf den Kopf. Jedes Paar hat wahrscheinlich so seine Reizthemen. Uns wurde an diesem Wochenende klar, bei uns war es das Zutrauen dem anderen gegenüber. Also baten wir unseren Freund Steffen, uns bei der Lösung unseres Problems zu helfen. Er willigte ein, ohne eine Idee zu haben, wie er unser Problemchen aus der Welt schaffen konnte. Das sollte ihm noch einige Kopfschmerzen bereiten, denn er kannte uns und unsere Dickköpfigkeit. Bei der Verabschiedung sagte er uns: „Das nächste Mal gibt es ein ganzes Wochenende Vertrauenstraining!" Wir lachten, klopften uns auf die Schultern und verabschiedeten uns.

Einen Monat später klingelte das Telefon. Steffen war dran und fragte, wann wir nun kommen wollten? „Zu dir jederzeit." Dann dämmerte es mir. Er bohrte seinen großen Daumen mitten in meine Verletzung – sinnbildlich versteht sich.

„Na, das Vertrauenstraining, du weißt schon …!", sagte er.

„Ja, ja", stammelte ich und blickte Ede an, die neben mir stand. Doch ehe ich mich verhörte, stand der Termin bei Steffen schon

fest. „Ich habe in zwei oder in vier Wochen Zeit, sucht es euch aus!" Dieser alte Fuchs, diese Psycho-Strategie funktionierte doch nicht etwa auch bei mir? Doch sie funktionierte. Ede nickte, wir waren uns wiedermal in Nanosekunden einig und ich sagte: „O.k., in vier Wochen!"

„Glückwunsch, das sind Entscheidungen, wie ich sie liebe", tönte es von Steffen zufrieden aus dem Telefonhörer.

Vier Wochen später – wir allein mit dem Brocken Steffen in irgendeinem dieser Tagebaurestlöcher bei Senftenberg. Er gestand uns, dass auch er die letzten Tage etwas unruhig geschlafen hatte, denn was er mit uns machen wollte, um aus uns ein einmaliges Reiseteam zu schmieden, war auch ihm unklar. Es sollte eine Mischung aus Schnelle-Einsatz-Truppe, Befehlskette und Nahtoderfahrung werden. Dieses „Was wäre wenn …" zog sich dabei das ganze Wochenende durch seinen Sprachgebrauch.

Als erstes gibt es bei solchen wichtigen Operationen natürlich ein ordentliches Briefing. Hätten wir von ihm als Rettungssanitäter und Offroad-Instruktor auch nicht anders erwartet. Wir nahmen vor unserem Fahrzeug Platz auf kleinen Kinderklappstühlen mit Märchenmotiven, die er vermutlich seiner Tochter entwendet hatte. Wir saßen da wie die Schulanfänger. Wahrscheinlich gehörte das im Nachhinein betrachtet zu seiner Strategie. Wir sollten uns mal so richtig klein vorkommen – so war jedenfalls meine Vermutung. Egal. Er nahm uns ins Gebet und erklärte uns die Grundlagen von Kommunikation im Fahrzeug. Uns, den Kommunikationsprofis, die seit zwanzig Jahren eine Marketing- und Kommunikationsagentur leiteten. Wir hörten ihm gebannt zu, wie er uns erklärte, ein Fahrzeug einzuweisen und dabei auch laut und deutlich zu reden. Alle Füll- und Nettigkeitswörter aus unserem Sprachgebrauch zu verbannen, wenn es um die Wurst ging. Er verbot uns sogar, bitte und danke zu sagen! Wir sollten es später in der Praxis am eigenen Leibe spüren. Er wollte doch tatsächlich aus uns ein A-Team machen. Da half es auch nichts, als wir immer wieder

abzuschwächten versuchten, doch nur auf einer Urlaubsreise zu sein und unbedingt langsam fahren zu wollen.

„Das könnt ihr alles machen, doch wenn es ernst wird, dann müsst ihr in den Befehlsmodus umschalten können. Und das trainieren wir jetzt." Beim gegenseitigen Rückwärtseinweisen mit dem Funkgerät das erste Fiasko. „Links, rechts, nein, das andere Links", „Noch ein bisschen …", „Ich versteh dich nicht …" und so weiter. Wir hatten kein gutes Gefühl.

Nun war der Meister mit dem Einweisen dran. Er sprach ruhig und laut, erklärte vorher noch die Situation und erläuterte das kommende Fahrmanöver, welches ich in diesem Falle ausführen sollte. Er stellte sich so, dass ich ihn wunderbar sehen konnte, und zählte von fünf auf vier, drei, zwei, eins runter, so dass ich bei null stehen bleiben sollte. Alles war perfekt. Aha-Effekte, ohne große Aufregung für uns beide. Das klingt jetzt etwas banal, doch jeder kennt die Situationen beim Einweisen zur Genüge. Wir trainierten unsere Stimmchen, unsere Handzeichen, unsere Anweisungen, und von Mal zu Mal hörte es sich professioneller an. Wir verzichteten auf unsere liebgewonnenen Füllwörter und Ede konnten plötzlich in einer Notsituation auch mal überlaut „Stopp" rufen, so dass ich instinktiv das Richtige tat. Ich war begeistert. So einfach war es also, ein Team zu werden.

Doch den Zahn zog uns Steffen gleich wieder. „Gut gemacht", sagte er. Lob gehört schließlich zu seinem psychologischen Handwerkszeug dazu und schon saßen wir alle drei im Fahrzeug. Wir vorne, Ede am Steuer und Steffen wie unser Kleinkind hinten in der Mitte. „So", sagte er, „nun wird es anspruchsvoller." Liebevoll nahm er Edes Schal in die Hand, ganz so, als wolle er sie von hinten damit erwürgen. Wie in diesen Roadmovies, wo durchgeknallte Tramper ganze Familien vom Rücksitz aus tyrannisieren. Doch er band ihr lediglich die Augen zu. Ich schaute mir das Ganze gespannt vom Beifahrersitz aus an, denn ich hatte ja keine Aufgabe. Ich konnte mich entspannt zurücklehnen, während Ede, so vermu-

tete ich, mit verbunden Augen nach Gehör fahren sollte. Ganz so kam es doch nicht. Steffen erklärte uns die Spielregeln. Ede fuhr mit verbundenen Augen und ich war für die exakten Anweisungen zuständig. Na, das konnte ja so schwer nicht sein, rechts, links, langsam, schnell, dachte ich – wie gesagt, ich als Kommunikationsprofi.

Ede blieb gar keine Zeit zum Überlegen und schon ertönte von Steffen ein lautes und bestimmendes „Und los!" Der Wagen rollte, ich dachte noch „Mein schönes Fahrzeug!" und schon war ich mittendrin im Film, der immer schneller wurde, je mehr ich nachdachte, welche Anweisung denn wohl für Ede nun die richtige wäre. Ich bekam kein Wort raus. Lediglich einige Verlegenheitsfloskeln, wie: „Ja, gut so …" oder „Einfach weiter geradeaus …" Doch dann kam es, wie ich vermutet hatte. Es ging nicht einfach so weiter und einfach so geradeaus, sondern wir steuerten auf eine Kuppe zu und der Motor arbeitete von nun an hart. Das merkte natürlich Ede und fragte zu Recht: „Was ist das, wo fahre ich hin …?"

Steffens knappes „Stopp" erlöste mich und Ede wahrscheinlich noch mehr. Sie riss sich den Schal von ihrem Gesicht und starrte mich wütend mit Tränen in den Augen an. Das ist nicht so gut gelaufen, dachte ich. Doch eh ich mich versah, sollte ich auf dem Fahrersitz Platz nehmen. Nun das umgekehrte Spiel. Ich mit verbundenen Augen, nichts ahnend, auf jede Regung meines Beifahrers achtend, war ich erleichtert, wenn irgendein Satz, ein Wort oder ein Räuspern durch mein Ohr in mein Bewusstsein gelangte. Plötzlich spürte ich, was gute Kommunikation wirklich war. Ich spürte das Ringen nach Information, nach Regungen, aus denen ich etwas deuten konnte. Gott sei Dank mischte sich jetzt Steffen so langsam in unser Rollenspiel ein und zeigte uns, welche Modulation an Informationen möglich, ja sogar notwendig war. Plötzlich konnte man blind Auto fahren. Sogar so, dass es Spaß machte.

Was war passiert? Steffen hatte nicht nur die dummen Rechts-, Links-, Oben- und Unten-Ansagen gemacht. Er hatte ganze Geschichten erzählt. Wie die Strecke verläuft, was uns in zehn und

zwanzig Metern erwarten wird. Er hat sogar die Landschaft beschrieben, durch die ich fahren musste. In mir entstand ein komplettes Abbild der Umgebung, und das war gut so. So ist Teamarbeit: miteinander reden, Informationen mit Details beschreiben, mit der Stimme Wichtigkeiten ausdrücken. Und plötzlich kam der Hammer – es kam ein lautes „Stopp!" Ich ging auf die Bremse und wir standen augenblicklich. Besser hätte ein Regisseur sein Stück nicht inszenieren können. Der Höhepunkt zum Einbrennen in das Langzeitgedächtnis. Wir hatten verstanden. Ede, dann wieder ich, und wieder Ede – so ging das mit dem Blindfahrtraining weiter und wir hatten immer mehr Spaß daran. Denn eines waren wir schon immer – schnell und lernfähig. Diese Übungen würden uns mit Sicherheit für die ganze Reise prägen. Gab es von nun an heikle Situationen, so fragten wir uns oft laut, wie hätte Steffen diese Situation jetzt gelöst? Und wir konnten eines – wir konnten aus dem Unterbewusstsein laut „Stopp!" rufen. Vielleicht eines der wichtigsten Wörter, die wir an jenem Wochenende für die Zukunft gelernt hatten.

Und Sten, was hast du auf dem Beifahrersitz gelernt?

- Selbst als Erwachsener kann man noch neue Wörter lernen – „Stopp" ist ein solches.
- Mit der unbewussten Inkompetenz lebt es sich manchmal einfacher.
- Aus Spaß wird Ernst – das ist eine alte Gesetzmäßigkeit.
- Auch auf dem Beifahrersitz kann es ganz schön ungemütlich werden.
- Vergiss nicht, Demut auf einer Reise einzupacken. Sie kann irgendwann überlebenswichtig werden.
- In heiklen Situationen laut und deutlich reden, alle Füllwörter weglassen und Bitte und Danke auf das Abendessen verschieben.
- Ich übernehme keinerlei Haftung für das beschriebene „Blindfahrtraining". Im Übrigen Steffen auch nicht!

Unsere Zufallsreisen – die kleine Weltreise nach Quadrath.

Während dieser ach so langen Vorbereitungszeit hatten wir viele eigentümliche Rituale. Rituale, die alle mehr oder weniger mit dem gemeinsamen Reisen zu tun hatten. Rituale, bei denen wir jedenfalls viel Spaß hatten und bei denen der Zufall immer ein gehöriges Wörtchen mitredete. Wir liebten unsere spontanen Wochenendreisen irgendwohin, so wie es uns Empfehlungen oder Geocaches vorschlugen. Ja, die Geocaches, die haben in uns schon das Jagdfieber entfacht. Für diejenigen, die mit dem Begriff nichts anfangen können: Das Geocaching ist eine Art weltweite Schnitzeljagd mit einem GPS-Gerät, wo es um das kreative Finden von Schätzen geht. Eigentlich keine wirklichen Schätze, es handelt sich dabei eher um eine ausgelagerte Reserve für Krimskram, den man nicht mehr braucht, aber der auch zu schade zum Wegwerfen ist.

Entdeckt hatten wir diese Leidenschaft zu einem Zeitpunkt, als wir die Not zur Tugend machten und unsere Kinder nur schwer zu bewegen waren, am Wochenende das Haus auf einen Spaziergang zu verlassen. Spaziergang, das war das Reizwort schlechthin. Nun kommen wir ja aus dem Marketing und wissen, der Name ist alles. Wir entdeckten das Geocaching, die elektronische Schatzsuche, und von da an sollte alles anders werden. Jedenfalls in Bezug auf das Spazierengehen mit unseren Kindern. Das Wort „Spazierengehen" wurde von da an gestrichen, Langeweile durch „Ostereier-such-Fieber" ersetzt und das Videospiel in Form eines GPS-Gerätes kam zeitgemäß zum Einsatz. Von nun an unternahmen wir unsere GPS-Streifzüge. Anfänglich etwas zögerlich und unbeholfen, denn die Kunst bestand darin, nicht nur den von jemand anderem versteckten „Schatz" zu finden, sondern dies auch leise und

konspirativ zu tun, so dass keiner der „Muggels" – so werden die-jenigen genannt, die keine Geocacher und immer zufällig da sind, wenn man sie nicht braucht – in der Nähe ist. Also gilt es unbe-dingt, zufällige andere Spaziergänger zu meiden, denn der „Schatz" muss auf jeden Fall in aller Heimlichkeit gehoben werden.

Zu Beginn suchten wir nahe der Wohnung und fanden so gut wie nichts. Der „Bear-Mountain"-Geocache zum Beispiel bei den Plastiken von Frank Stella auf dem Ernst-Abbe-Platz in Jena hat-te mich fünf Jahre lang genervt. Fünf Jahre bin ich immer mal wieder vorbei geschlichen und habe ihn nicht gefunden, was mich maßlos geärgert hatte. Bis ich eines Tages völlig relaxed erneut vor der wunderschönen Schrottplastik stand und mir überlegt habe: „Wo würdest du denn die kleine ‚Schatzkiste' verstecken?" Nun hatte ich mal den Spieß umgedreht und von da an war es kein Problem mehr, die Caches zu knacken. Ich kniete mich im Schatten hinter die Plastik, fingerte unter einer gut fünf Zentime-ter dicken verrosteten Stahlplatte in einem Hohlraum und tatsäch-lich ertastete ich als „Schatzkästchen" eine kleine Filmdose, die mit einem Magneten an der Unterseite der Stahlplatte klebte. Ich war überglücklich. Drinnen der „Schatz" – ein kleines verschmiertes Logbuch mit Eintragungen und ein Gummiindianer, dem sicher schmerzhaft ein Arm abgetrennt worden war, damit er besser in diese winzige Filmdose passte. Beim Lesen des letzten Eintra-ges wurde mir etwas komisch im Bauch. Es war gerade mal fünf Minuten her, dass der letzte seine Eintragung gemacht hatte. Instinktiv schaute ich mich ertappt nach allen Seiten um und ent-deckte zwei Jungs, die feixend in einer Ecke standen und mich be-obachteten, wie ich auf Knien rutschend meine Hand irgendwo in einen Spalt steckte, wo man nicht genau wusste, was einen er-warten würde. Ich fühlte mich einerseits ertappt, aber andererseits auch stolz, nach nun fünf Jahren diesen Cache gehoben zu haben. Scheiß drauf, auch wenn sie dich gesehen haben. Jedenfalls bin ich dort zum ersten Mal mit dem Thema „Going with the flow" kon-

frontiert worden. Alles braucht seine Zeit – immer schön dranbleiben, es wird schon eines Tages werden.

Etwa um diese Zeit verfeinerten Ede und ich das Thema Geocaching um eine neue Dimension. Wir entdeckten in unserem damaligen Navigationssystem unseres Volvo 850 eine Funktion, die uns den Zufall noch viel erlebbarer machen sollte. Wir beschlossen, an einem Freitagnachmittag nach der Arbeit mit unseren Zufallsreisen zu beginnen. Es funktionierte folgendermaßen: Jeder von uns beiden gab abwechselnd einen Buchstaben in das Navi ein und heraus kam das Ziel. Nur blöd, wenn Ede schon als ersten Buchstaben ein „Q" eingibt. Ein „Q"! „Hast du schon mal eine Stadt mit ‚Q' gesehen?!" Edes Antwort kam prompt: „Na Quedlinburg, Quickborn, Quirla …"

„Okay, okay – überzeugt!", antwortete ich, bevor ihr noch mehr einfielen.

Zugegebenermaßen ärgerte ich mich etwas über den versauten Einstieg in dieses neue Spiel. Jedoch hatte Ede recht – jeder ein Buchstabe, damit musste man leben – so waren die Spielregeln. Das Navi spielte mit und ergänzte das „Q" um die Kombination „…uadr…"

Also musste es etwas Ungeheuerliches mit dem Namen „Quadr…" in Deutschland tatsächlich geben. Ich war heiß! Das Navi und die künstliche Intelligenz. Ich kam mir vor wie in einem Science-Fiction-Film. Ich drückte den nächsten Buchstaben – ein „A" – und Ede den letzten Buchstaben und das Reiseziel stand fest. „Wie heißt das?", fragte ich Ede, „Quadrath?" Eine Stadt namens „Quadrath"? Wir lagen flach vor Lachen. Dann gehts eben jetzt nach „Quadrath".

Ich muss dazu sagen, dass der Spannungswert des Spiels noch um die Dimension erhöht wurde, nicht zu wissen, wo dieses ominöse „Quadrath" überhaupt liegt. Denn außer dem Namen, einem dicken drohenden Pfeil, der jetzt geradeaus zeigte, und der Kilometeranzeige von 454 Kilometern war nichts bekannt. Wir fuhren los,

dorthin, wo der Pfeil hindeutete – geradeaus. An der Autobahn-auffahrt Jena/Göschwitz rutschte der Pfeil nach rechts, also fuhren wir auf die A4 Richtung Frankfurt am Main. Am Frankfurter Flughafen dann auf die A3 Richtung Köln. Unser Ziel musste also irgendwo im Nordwesten Deutschlands liegen, vermuteten wir. Es wurde dunkel, wir wurden müde, wir übernachteten irgendwo, wo es uns hinspülte, und am kommenden Morgen ging die Suche nach „Quadrath" weiter. Autobahnen, Landstraßen, Städte, Dörfer – nur noch fünf Kilometer.

Unser Herz schlug höher, immerhin waren wir ja schon eine Nacht und gefühlte zwei Tage unterwegs. Vier Kilometer – einen Kilometer – fünfhundert Meter. Was war das? Im Augenwinkel nahm ich ein gelbes Schild wahr, doch wir waren zu schnell. Da kam auch schon das zweite. Diesmal mit einem durchgestrichenen roten Balken von links unten nach rechts oben und unter dem roten Balken des Ortsausgangsschildes das Wort „QUADRATH" mit dem kleinen Zusatz „Gewerbegebiet".

Wir staunten nicht schlecht. Mit allem hatten wir gerechnet, nur nicht damit. Unser Ziel stellte sich als ein etwa hundert Meter langer Straßenabschnitt mit rechts und links je einer Stichstraße eines dieser wunderschönen Gewerbegebiete heraus. Schön, dass wir gerade noch am Ortsausgangsschild zum Stehen kamen. Wir lachten uns kaputt, machten noch einen Abstecher nach links und dann nach rechts und bewunderten den Einfallsreichtum der Regional-politiker, die diese klasse-Idee hatten, einem Stadtteil den Namen „Quadrath" zu geben. Mit diesem Zufallsgenerator in unserem Navi sollten wir noch viele nette Orte in Deutschland entdecken, wo wir sonst nie im Leben Halt gemacht hätten. Das war „Going with the flow" in Reinstform.

Und Sten, was kann man vom Geocachen lernen?

- Wenn du den Zufall beeinflussen kannst, so lasse ihn nicht mit „Q" anfangen. Es könnte sein, du landest in irgendeinem Gewerbegebiet.
- Auch in Deutschland gibt es viel zu entdecken – sollte es einem nicht exotisch genug sein, dann auf nach Neroberga, Monacum oder Rudolphopolis – wer vermutet hinter der lateinischen Bezeichnung schnöde deutsche Städte, wie Nürnberg, München oder Rudolstadt?
- Geocaches gibt es auf der ganzen Welt! Unter www.geocaching.com findet man weltweit ca. 2,6 Mio. aktive Geocaches.
- Hier noch etwas Besonderes: Der einzige Geocache außerhalb der Erde liegt in 250 Meilen Höhe in der ISS-Raumstation.

 ## Das Gespräch – und alles wird anders.

Inzwischen kamen die Monate näher und das Datum unserer Abfahrt sollte sich wie bei einer günstigen Sternenkonstellation fügen. Es gab nicht Saturn, Mars und Pluto, sondern Paula, Elias und Constantin, und natürlich unsere rüstigen Eltern. In dieser Konstellation ergab sich ein günstiges Zeitfenster nach dem Abi von Elias und Paula, dann waren da noch Weihnachten und ein weiterer Geburtstag von Elias im Februar und dann sollten die Sterne so günstig wie nie stehen. Das sollte er also sein, der 1. März 2015, der Tag unserer Abfahrt. Wenige Tage nach dem Geburtstag, den Ede unbedingt noch in der alten Welt miterleben wollte. Die Reiseroute stand zwar immer noch nicht fest, aber wir arbeiteten auf diesen Fixtermin hin.

Es war ein schöner Sommer im Jahr 2014. Jedenfalls kam er mir so vor, denn ich malte mir aus, wie ich in einem Jahr irgendwo in Kasachstan in der Steppe am Feuer sitzen und Ukulele mit Ede spielen würde. Ich war voller Energie. Und so erfuhr ich von einem Reisevortrag in Plauen. Das Thema Weltreise interessierte uns, zumal sich die Reiseroute durch Asien mit unseren Vorstellungen deckte. „Morpheusreisen – Auf der Straße des Lebens", so hieß der Vortrag, der viel Klarheit und noch mehr Verwirrung in uns stiften sollte, 20 Uhr im Malzhaus Plauen. Ich war heiß. Mit dem Reisemobil zwei Jahre durch die Welt Richtung Asien. Das wars! Ich besorgte mir die Handynummer von Wolfgang alias Morpheus und quetschte ihn schon am Telefon aus. Wir wollten unbedingt kommen, aber nicht nur zum Vortrag, sondern schon zwei bis drei Stunden vorher, um Informationen aus erster Hand zu bekommen. Das Problem war, Ede konnte nicht mitkommen. Sie steckte gerade in einem Projekt und hatte just an diesem

Samstag einen Termin. Versprach mir aber, wenigstens zum Vortrag nachzukommen.

Mit einer Liste voller Fragen fuhr ich nach Plauen, entdeckte auch das Morpheusmobil, einen alten Mercedes Rundhauber mit einer Art Peter-Lustig-Wohnkabine, auf dem Parkplatz vor dem alten Malzhaus. Er war siemensgrün und hatte sicher viel zu erzählen, dachte ich mir so, als die Tür aufging, ein kleiner Junge ausstieg und sich nackt in eine große Pfütze auf dem Parkplatz setzte. Die Reise geht weiter, auch hier in Deutschland, ging mir durch den Kopf. Ich klopfte an die Tür und eine junge hübsche Frau mit Rastas blickte mich an.

„Morpheus, Wolfgang?"

„Ja, der ist hier. Komm doch rein!" Schon war ich drin, bei Peter Lustig im Bauwagen. Eine wohlige Gemütlichkeit und natürlich Wolfgang empfingen mich. Wolfgang, ebenso mit Rastas, hatte neugierige offene und freundliche dunkle Augen. Passen irgendwie gut zusammen diese beiden, dachte ich mir, während ich zu Wolfgang auf das Sofa kletterte. Ein kleines Mädchen saß an einem Tisch und malte und Wolfgangs Frau Diana machte uns einen Kaffee. Ich saß auf Wolfgangs riesigem Diwan, die Beine ausgestreckt wie bei einer Puppe und kam mir mit meinem feinen Jackett irgendwie komisch vor, wie ein Störglied. Doch Wolfgang bemerkte meine Unsicherheit nicht, vielleicht war es ihm auch egal. Er erwartete meine Fragen, die ich mir notiert hatte. Ich wollte einfach alles wissen, immerhin hatte die Crew um Wolfgang zwei Jahre die Tour gemacht, die wir nun Anfang des nächsten Jahres starten wollten. Ich löcherte ihn buchstäblich über die Route, die Visa, die Schwierigkeiten, die Grenzen und so weiter und so weiter. Die Zeit verrann im „Peter-Lustig-Mobil" und ich wurde locker auf dem Diwan. Dann fragte er mich, wann wir losfahren wollten. Ich erklärte ihm unsere Route und den Starttermin Anfang März. Er rechnete kurz und runzelte die Stirn. Was war los? „Das funktioniert so nicht! Wenn ihr Anfang März erst losfahrt, dann seid

ihr im Oktober oder November in der Mongolei, und da sind zu diesem Zeitpunkt schon minus 20°C!", sagte er. „Ihr müsst spätestens Ende August raus aus der Mongolei, dann fängt es bereits zu schneien an." Er gab mir noch wichtige Adressen und lud mich am Abend zu seinem Vortrag ein, den die beiden im Malzhaus halten wollten.

Nach zwei Stunden klappte ich hinter mir die Tür des LKW von Wolfgang zu und mir summten die Ohren. Ich wartete auf Ede, die ja versprochen hatte, noch zum Vortrag zu kommen. Ich wartete und grübelte, wie ich es Ede beibringen würde, nun doch schon drei Monate früher mitten im Winter loszufahren. Als sie kam, konnte sie mit Sicherheit schon von weitem erkennen, dass irgendwas mit mir los war. Ich machte es wie immer auf meine charmante Art: „Ede, wir müssen im Dezember schon los!" Nun war es raus, aber keineswegs besser. Sie fragte irritiert „Wohin? Und was ist los?" So ist das immer bei wichtigen Gesprächen, wenn einer fehlt und den Anschluss nicht hat. Ich ärgerte mich, dass Ede bei dem Gespräch nicht mit dabei gewesen war. Sie schaute mich fragend an und ich erklärte ihr die Empfehlung von Wolfgang.

Edes Mine versteinerte, doch wir hatten keine große Zeit zur Diskussion, denn der Vortrag begann. Zwei Stunden saß Ede neben mir und ich wusste genau, was in ihrem Kopf vorging. Dachte ich jedenfalls. Es war schlimmer als von mir vermutet, und zu Hause entspann sich ein Streitgespräch um den Abfahrtszeitpunkt. Ede wollte unbedingt Elias zu seinem Geburtstag und bei seiner Rückkehr von seinem Praktikum aus Taiwan noch einmal sehen, bevor wir losfuhren. Das sah sie nun davonschwimmen.

Sie war sauer und traurig und wütend, und alles gleichzeitig. Wir brauchten mindestens noch eine Woche, bis Ede dann von sich aus sagte: „O.k., dann machen wir das so! Wir fahren in der Kälte los!" Ich tröstete sie damit, dass es doch schön wäre, einmal durch alle Jahreszeiten zu fahren. Vom Schnee, über die Kälte, den Frühling in den Sommer hinein. Im Nachhinein sollte diese Entscheidung eine

unserer besten gewesen sein. Wir erlebten Griechenland, Anatolien und Kurdistan im Schnee und sollten mit dem Frühling in den Iran kommen. Wir sahen dadurch die antiken Stätten Effesus und Pergamon und die Akropolis fast menschenleer, wir standen mit unserem LKW auf einsamen Stränden vor den Hotelburgen und wir begegneten tatsächlich den ersten Touristen erst im Juni in der Nähe von Almaty in Ostkasachstan.

Und was war nun mit dem Abfahrtstermin? Den legten wir ganz pragmatisch fest. Wir fahren am 26.12.2014 pünktlich 12 Uhr los, wenn alle beim Gänsebraten zu Hause sitzen. Wir lachten. Das hatte was: „Schließlich haben wir das ja jedes Jahr so gemacht!"

 ### Und Sten, der beste Zeitpunkt für eine Weltreise?

- Vegetariern und Veganern kann ich einen Abreisetermin am 26.12. mittags 12 Uhr nur empfehlen, da kommt ihr garantiert um jeden so verhassten Braten herum.
- Rede mit so wenig wie möglichen Menschen über deine Reisepläne, die wollen dich eh nur davon abbringen!
- Es stimmt, man sollte Ende August aus der Mongolei raus sein, denn da fällt tatsächlich der erste Schnee!
- Gemäßigtes Klima wie bei uns hat durchaus seine Vorteile. Überall auf der Welt ist es heißer, kälter, stürmischer, feuchter, ja sogar regnerischer als bei uns.
- Wenn ihr einen grünen Mercedes Rundhauber irgendwo auf der Welt sehen solltet, bestellt Wolfgang schöne Grüße von uns.

Kein Witz – wir haben jetzt sechs Reisepässe!

In den letzten Monaten vor der Abreise überschlagen sich schon mal die Ereignisse. Auch der Masterplan ist dann hinfällig und die Probleme werden nur noch abgearbeitet, wie sie hereinkommen – aber immer schön hinten anstellen! Und sie kommen ständig. Am schwersten tat ich mich mit dem Thema Visabeschaffung. Da findet man so gut wie nichts im Internet. Im Nachhinein vermute ich, dass es jedem so ergeht und das Trial & Error-Prinzip vorherrscht. Hier also einiges zum Thema Visawahnsinn.

Es fängt oft schon mit dem einzigen und geschundenen Reisepass an. Wir hatten Stempel aus Israel im Pass. Damit in den Iran einreisen zu wollen, ist fast so wie im Intershop in der DDR über den Ladentisch zu springen, um politisches Asyl im Westen zu beantragen. Also mussten für den Iran neue Pässe her. Beim Bürgeramt stößt man natürlich erst einmal auf Unverständnis, wenn es darum geht, einen zweiten Pass zu beantragen. Warum, weshalb, wieso? Wer nie rauskommt, versteht natürlich auch nicht die Gründe. Ein neuer Pass war recht unkompliziert beantragt, aber beim Abholen wollte man mir den geliebten alten Pass mit den schönen Erinnerungen an vergangene Tage doch tatsächlich abknöpfen. Ich weigerte mich und ging sogar noch in die Offensive. „Ich möchten gern noch einen dritten Pass beantragen", war meine Antwort auf den bevorstehenden Einzug meines alten Passes. Mit allem hatte die Bearbeiterin gerechnet, mit dieser Frechheit jedoch nicht. Als ich auch noch damit anfing, dass Bundesbürgern unter gewissen Umständen nicht nur ein oder zwei, sondern sogar drei Pässe zustanden, veränderte sich der Gesichtsausdruck der Beamtin. Sie verschwand und kam mit Verstärkung wieder. Da müsse ich etwas gehörig missverstanden haben.

Ich blieb bei meiner Version und bat die beiden, in den Vorschriften nachzulesen. Insgeheim war ich mir dann doch nicht mehr so sicher, ob ich nicht selbst den Märchen diverser Gespräche auf Reisetreffen aufgesessen war. Zugegeben, es klang schon etwas abenteuerlich, wenn wir beide mit sechs Reisepässen einfach mal so durch die Welt fahren würden. Aber ich hatte es nun mal mit selbstsicherer Art an die Beamten gebracht. Ich musste warten und sah durch die Scheibe, wie nun die ganze Maschinerie geballter Beamtenleistung in Schwung kam. Wahrscheinlich aus der Motivation heraus, es mir kleinem Würstchen mal so richtig zu zeigen. Ich hörte Entschlossenheit aus dem Nachbarraum. Ich hörte förmlich das Kopfschütteln und die eindeutigen Gesten und bereute es schon, mich hier vor allen zum Affen zu machen. Aus zwei Beamten wurden drei. Schon ein tolles Thema, welches ich da aufgetan habe, dachte ich mir. Die Bearbeiterin brachte den Amtsleiter mit und ich sah beide schuldbewusst an.

„Herr Meyer, wir müssen Ihnen mitteilen, dass Sie leider Recht haben! Bundesbürgern stehen zwei, unter Umständen sogar drei Reisepässe zu!"

„Wie meinen Sie das mit dem ‚Leider-Recht-Haben'?", fragte ich etwas unbeholfen. „Bekomme ich drei Reisepässe, oder nicht?"

„Wir hatten noch nie einen solchen Fall. Bitte füllen Sie die Formulare aus, begründen Sie den Antrag auf Ausstellung, und wir werden sehen."

Es war also vorerst nur ein halber Sieg. Ich füllte alles aus, notierte unsere Reiseroute und die Schwierigkeiten der Visabeschaffung im Vorfeld und gab alles brav ab. Ehrlich gesagt glaubte ich nicht so richtig daran. Vier Wochen später erhielt ich einen Anruf vom Bürgeramt. „Herr Meyer, Ihre Pässe sind da." Hatte ich richtig gehört?

„Ja, hier liegen zwei Pässe für Sie bereit, sogar mit doppelter Blattanzahl!" Das war phänomenal. Ede bekam zeitgleich ebenso ihre beiden neuen und wir hielten tatsächlich unsere sechs Pässe in der Hand, die neuen sogar doppelt so dick wie der erste. Nun be-

kam das Projekt Visabeschaffung einen Turbo, schlagartig hatten wir eine Lösung für unsere Langzeitreise, denn in der Regel sind Visa nur drei Monate gültig. Fuhren wir also Ende 2015 los, so konnten wir nicht einmal das erste Visum für den Iran vor Abfahrt beantragen, geschweige denn mitnehmen. Das war eine einfache Rechenübung. Also suchte und fand ich die Visazentrale in Berlin, verstand mich mit Herrn Lindenau auf Anhieb und war froh, als sich mit seiner Hilfe das Visumdickicht schlagartig lichtete. Ich berichtete ihm von unseren sechs Reisepässen und er hatte die Idee, vier davon bei ihm zu hinterlegen und auf Abruf in ein x-beliebiges Land zu verschicken. Das klang toll, ich traute jedoch den x-beliebigen Adressen in diesen x-beliebigen Ländern nicht so recht über den Weg. Ich fragte mich, wie zum Teufel sollte ich eine vertrauenswürdige Adresse im Vorfeld auftun, um unsere geliebten und in der Welt heiß begehrten deutschen Pässe einem x-Beliebigen anzuvertrauen. Die Antwort kam prompt: „Kein Problem, Herr Meyer, die schicken wir an eine DHL-Station, postlagernd, diese Stationen gibt es in allen größeren Städten auf der Welt!"

Toll, damit hatte ich nun wirklich nicht gerechnet, dass ausgerechnet ein deutscher Paketdienst mir dieses Problemchen abnehmen würde. Für diejenigen, die schon immer mal wissen wollten, was die drei Buchstaben „DHL" eigentlich bedeuten, hier die Auflösung: Die Buchstaben haben weder etwas mit „Deutsch" noch mit „Lieferung" zu tun. DHL ist die Abkürzung von „Dalsey, Hillblom, Lynn", deren Unternehmen irgendwann um die Jahrtausendwende von der Deutschen Post aufgekauft wurde und seitdem auf der Welt deutsche Werte wie Zuverlässigkeit und Pünktlichkeit verkörpert. Also waren unsere Visaprobleme auf einen Schlag gelöst. Herr Lindenau von der Visazentrale erstellte einen Zeitplan, beantragte in unserem Namen die notwendigen Visa in Berlin und schickte diese dann postlagernd. Wir fuhren also mit unseren alten Pässen mit den Israelstempeln los, reisten ohne Visa in die Türkei ein, holten unsere Pässe mit den Visa für den Iran, Turkmenistan, Kasachstan und Usbekistan in Istanbul

ab und weiter ging es mit den neuen Pässen. Die dritten Pässe kamen dann in Almaty ins Spiel. Dort holten wir sie ebenfalls bei DHL mit dem Russland-Visum ab. Hat alles wie am Schnürchen geklappt. Der Versand dauerte jeweils drei Tage und über eine Nachverfolgung per E-Mail wussten wir immer, ob unsere Lieferung schon in der jeweiligen DHL-Station angekommen war. Wir haben es an den Grenzen natürlich niemandem auf die Nase gebunden, dass wir mit sechs Pässen unterwegs waren. Ich glaube, man hätte uns erst einmal wegen offensichtlicher Passfälscherei in den Knast gesteckt, denn nirgendwo auf der Welt läuft man einfach so mit sechs Pässen rum. Übrigens, dass wir Deutschen oft zu kompliziert denken, haben wir gemerkt, als wir uns fragten, was die iranischen Grenzer wohl sagen würden, wenn wir mit einem blütenreinen nagelneuen Pass einreisen würden, ohne dass ein türkischer Ausreisestempel drin war. Hat niemanden interessiert, alles unnötige deutsche Gedanken, die auf einer solchen Reise nichts verloren haben!

Und Sten, deine 6 Tipps zur Vorbereitung einer Weltreise?

- Als Bundesbürger stehen dir drei Reisepässe zu. Tu auf dem Amt jedenfalls so, als ob sie dir zustehen würden. Das hilft!
- Fünfzig Prozent aller Probleme lösen sich von selbst, und von den restlichen funfzig Prozent kannst du maximal fünfundzwanzig Prozent beeinflussen. Konzentriere dich auf diese!
- Fahr einfach los, du kannst dir deine Visa auch unterwegs besorgen.
- Vertraue endlich einmal deutscher Gründlichkeit und finde diese sexy!
- „X-beliebig" klingt immer so abwertend, wird aber auf einer solchen Reise sehr konkret.
- Deutsche Gedanken und deutsche Vorsicht unbedingt zu Hause lassen, die haben auf Reisen nichts zu suchen.

Schlechte Laune – ab sofort lese ich keine Reiseblogs mehr.

Die Tage werden immer kürzer und immer schneller. Sie verfliegen förmlich und der Wochenrhythmus löst sich auf. Ich hatte kein Zeitgefühl mehr und stand plötzlich sogar an einem Sonntag am Baumarkt und wunderte mich, dass er geschlossen hatte. Von nun an konnte ich die noch verbleibenden Wochen an einer Hand abzählen. War es Anfang des Jahres noch der Gedanke, dass jetzt bis zur Abfahrt jeder Tag nur noch einmal stattfand, so war es nun der Countdown, der wie bei einer Mondmission die Spannung steigen ließ. Mondmission war vielleicht etwas übertrieben. An unserem Küchenschrank hatten wir seit Anfang des Jahres gelbe Post-it-Zettelchen in Rubriken angeklebt und immer, wenn uns etwas Wichtiges eingefallen war, klebten wir es an. Das zog sich so durch das Jahr und mit jedem erledigten und abgenommenen Zettel, wurden sofort zwei neue wichtigere To-dos angeklebt. Der Klassiker – ein Schritt vorwärts und zwei zurück, gefühlt jedenfalls. Mitte des Jahres beschlossen wir, da die Scheibengröße des Schrankes limitiert war, mit neuen Zetteln aufzuhören. Ein gewisser Pragmatismus zog ein. Wir sagten uns, was bis Ende September nicht am Schrank haftet, hat Pech gehabt. Denn immerhin mussten wir uns noch auf das konzentrieren, was da so klebte. Im Nachhinein war es eine gute Entscheidung, dem Gehirn ein Ultimatum zu stellen. Der nächste Pragmatismus war, dass ich aufhörte, im Internet nach schönen Plätzen zu suchen, wo man unbedingt mal gewesen sein sollte. Ich hörte auch auf zu recherchieren, was man nicht tun oder wo man nicht lang fahren durfte. Denn je öfter ich im Netz suchte, desto wirrer und angsteinflößender waren die Berichte.

Bei der Recherche der Route durch die Kavir Wüste im Nordiran bin ich zum Beispiel immer wieder auf Reiseberichte von

Touristen gestoßen, die bei der Durchquerung eines bestimmten Wüstenabschnittes versehentlich in ein militärisches Sperrgebiet gefahren waren und festgenommen wurden. Das wollte ich Ede schon ersparen, denn immerhin würde es ja im Nachhinein auf mich zurückfallen, wenn die Reiseroute drittklassig oder gar gefährlich war. Anfänglich legte ich all meine Energie in die Recherche solcher Details. Ich fragte iranische Bekannte, las mir die Seiten des Auswärtigen Amtes durch und schaukelte mich so immer mehr auf. Das tat mir einfach nicht mehr gut. So beschloss ich, ab sofort keine Reiseblogs mehr zu lesen und nicht mehr über die Gefährlichkeit von Ländern zu recherchieren. Mir war es inzwischen auch egal, ob bei Gesprächen statt Iran, Irak verstanden wurde, und bei der Frage, ob es denn da unten nicht gefährlich sei, hörte ich inzwischen gekonnt weg. Ich machte mir darüber keine Gedanken mehr und tat, was wir immer so taten. Die Entscheidungen würden dann vor Ort getroffen und nicht am Kartentisch. Nun konnte ich auch die Worte von Wolfgang besser verstehen, der mir in seinem Mercedes Rundhauber auf dem Diwan geraten hatte, doch einfach loszufahren. Ja, einfach so losfahren! Nun wusste ich, was er gemeint hatte. Aber wie im richtigen Leben, musste man diese Erfahrungen selber machen. Das galt auch für das Reisen. Da konnte man noch so viele Reiseblogs und „Zwanzig Tipps, was du unbedingt dabei haben musst" lesen, die Entscheidung, was du wirklich brauchst, nimmt dir niemand ab. Auch nicht die Entscheidung, was du getrost zu Hause lassen kannst. Aber das weiß man sowieso immer erst hinterher, für das nächste Mal.

Einfach so loszufahren, ist gerade für uns Deutsche keine so richtig gute Option, schließlich haben wir ja auch viel Spaß beim Vorbereiten. Bloß nichts dem Zufall überlassen, er könnte ja von einem Besitz ergreifen. Bloß nichts dem Zufall überlassen, man strandet auf einer einsamen Straße in Kambodscha und hat die passende Schraube nicht dabei. Bloß nichts dem Zufall überlas-

sen, man würde fremde, gefährliche Menschen kennenlernen, die man obendrein nicht einmal versteht. Oder noch schlimmer, man würde zu ihnen nach Hause eingeladen werden und müsste Dinge essen, bei denen wir nicht einmal wüssten, ob diese gut abgewaschen wurden waren oder gar das Haltbarkeitsdatum überschritten wäre. Also immer alles schön vorbereiten und nichts vergessen.

So ein Scheiß. Würde ich wieder einmal eine Reise unternehmen, würde ich nichts mehr vorbereiten. Einfach losfahren und schauen, wohin der Wind einen trägt. Brauchst du etwas, kannst du dir es kaufen. Kannst du es nicht kaufen, so brauchst du es auch nicht. Brauchst du ein Visum, so bekommst du es garantiert unterwegs. Brauchst du Ersatzteile, so gibt es an jeder Ecke Schrauber, die dir Tag und Nacht gerne helfen. Brauchst du Bargeld … – da wird es schon etwas kniffliger. Also davon lieber etwas mehr einpacken, das kann wirklich nicht schaden. Suchst du Abenteuer, so lass es fließen. Sie warten an jeder Ecke, an jeder heruntergekommenen Imbissbude, an jedem Grenzübergang, ja sogar bei jeder Reifenpanne. Das ist die Erfahrung im Nachhinein. Jetzt wollen wir aber erst mal losfahren. Denn ihr wisst: Nach vorne leben – nach hinten verstehen! Der alte Philosoph Kierkegaard.

Hatte ich eigentlich schon erwähnt, dass ich keine Reiseblogs mehr las und ganz zufrieden damit war? Das war der erste Schritt des Befreiungsschlages gegen den Informationsmüll im Vorfeld einer solchen Reise.

Und Sten, was kann man getrost zu Hause lassen?

- Das geliebte 5-lagige Toilettenpapier – das gibt es überall, allerdings einlagig!
- Zahnpasta, Dusch- und Haarwaschmittel – auf der ganzen Welt ist inzwischen Procter & Gamble vertreten, selbst in den entlegenen Steppen der Mongolei.
- Körperspray brauchst du nicht, irgendwann riechst du nicht mehr und nicht weniger. Das ist wie bei einer gesättigten Lösung – mehr geht einfach nicht!
- Gebrauchte und abgetragene Klamotten als Gastgeschenke – das will und braucht niemand mehr auf der Welt.
- Mehr als drei T-Shirts. Man zieht sowieso immer dasselbe an. Brauchst du doch welche, dann kauf sie dir unterwegs.
- Reiseführer – es sei denn, du willst nachschauen, wo du nicht unbedingt hinmusst, weil zu viele Menschen schon da sind.
- Eine Armbanduhr – ich habe das ganze Jahr keine Uhr gebraucht, verabredet wird nach Sonnenstand und Zufall.
- Hörbücher für unterwegs – Reisen ist so spannend, da ist man froh, wenn es im Auto mal ruhig ist, um das Erlebte zu verarbeiten.

Das Fröhlichkeitsbier – und plötzlich brennt es unter dem Fahrerhaus.

Je näher man einem Date, einer Prüfung oder einem Abfahrtstermin kommt, desto mehr und unerwartetere Probleme treten mit Sicherheit auf. Das ist wahrscheinlich eine Gesetzmäßigkeit, die offenbar dazu dienen soll, dass man sich nicht allzu sehr darauf freut. Je näher der Dezember kam, desto unberechenbarer wurden die Ausfälle. Mit dem Kauf eines MAN-18-Tonners war es nicht getan. Es mussten noch technische Veränderungen vorgenommen werden. Die kleineren gingen mir inzwischen ganz gut von der Hand, obwohl man ja kein LKW-Mechaniker war. Alles drei Nummern größer und fünf Mal schwerer, als bei unserem Geländewagen. Wieder einmal, wie so oft in den letzten Wochen, schraubte ich im geschützten Raum der MAN-Werkstatt meines Vertrauens und dort rettete mich tatsächlich ein Kasten Bier vor einer Katastrophe.

Nun aber von Anfang an. Ich hatte die Idee, die alte originale Lichtmaschine durch eine stärkere mit 110 Amper zu ersetzen. Bestellung im Internet, Lieferung zwei Tage später und schon stand ich auf dem Motorblock und fummelte die alte Lichtmaschine raus. Alle Schrauben waren festgerostet, es klemmte, ich fluchte und schwitzte so sehr, dass mir der Schweiß von der Nase auf die Schrauben tropfte. Ich hoffte, es möge wenigstens als Schmiermittel gut sein. Nach vier Stunden hatte ich die alte Lichtmaschine samt Keilriemen endlich raus. So viel Zeit benötigt man, wenn man es vorher noch nie gemacht hat. Beide Lichtmaschinen nebeneinander auf einen sauberen Lappen und alle Schrauben schön in eine Kiste gelegt, das habe ich mir von meinen MAN-Kollegen so abgeschaut. Also alles schön in Ruhe, wie es sonst eigentlich nicht meine Art ist, aber ich habe in der Vorbereitung gelernt, nimm dir Zeit auf

der Reise, das ist das Einzige, was du im Überfluss hast. Lieber mal eine Pause mehr gemacht, die Lösung kommt dann oft von ganz allein. Die Lichtmaschinen lagen so einträchtig auf einem schwarzölzigen Lappen nebeneinander, da bemerkte ich die Unterschiede. Angeblich sollten sie laut Teilenummer passen, aber die Anschlüsse waren leicht versetzt und die Größe war auch minimal anders. Na toll. Aber das Internet sagte ja – passt! Also wurde die Neue eingebaut.

Nach zwei Stunden und einem blutigen Finger saß sie drin, wenn auch straff. Obwohl sonst überall am LKW viel Platz war, an dieser Stelle war es eng, verdammt eng, so dass ich die Kontakte kaum anschrauben konnte. An die kleinste Schraube kam ich gar nicht erst richtig ran, so dass ich diese nur blind tastend anziehen konnte. Ein bisschen noch, noch ein bisschen und knack. Ich fluchte, immer die letzte Schraube. Also alles wieder raus. Diesmal in Rekordzeit von knapp einer Stunde. Ich war stolz auf mich und schaute zu den Profis rüber, doch die nahmen mich und meinen Stolz gar nicht wahr. Lichtmaschine raus, Gewindebolzen gewechselt und wieder reingehoben. Alles lief wie am Schnürchen, jeder Handgriff saß. Fast jeder, bis mir die Lichtmaschine beim Einpassen aus der Hand rutschte und nach unten auf den Boden knallte. Ich war bleich vor Schreck, diesmal schauten natürlich alle. Nach fest kommt ab, nach oben kommt unten – all diese schönen Sprüche kannte ich nun schon, waren aber nun einmal Realität und sollten mich wahrscheinlich auch auf dieser Fahrt begleiten. Dafür liebte ich den geschützten Raum der Werkstatt, wenn auch der Boden recht hart, dafür aber sauber war, was der Realität in Kasachstan wahrscheinlich nicht entsprach. Ich angelte mir die heruntergefallene Lichtmaschine unter dem Fahrzeug vor und war froh, dass auf den ersten Blick keine sichtbaren Schäden zu sehen waren. Auf den zweiten leider schon. Der Gewindestift war durch den Aufprall wieder einmal abgebrochen. Also von vorn – auf ein Neues.

Ich wurde immer ruhiger, denn ich konnte aus all diesen Malheuren nur lernen und das war ja das eigentliche Ziel dieser Selbstversuche. Ich hätte auch sagen können: MAN, neue Lichtmaschine, ich hole das Fahrzeug morgen ab, schickt mir die Rechnung. Aber ich ahnte, dass das in der Einsamkeit unserer Reiseroute so nicht laufen würde. Also lernen durch Leid und Schmerz. Inzwischen hatte ich die Tricks beim Einpassen des Bauteiles raus. Nach dreißig Minuten war sie drin. Ich freute mich wieder einmal. So dicht lagen Freud und Leid oft beieinander. Mit den Anschlüssen tat ich mich noch etwas schwer, denn ein Anschluss lag durch die veränderte Bauform der Lichtmaschine ziemlich dicht am Motorgehäuse. Alles angeschlossen, noch von Marcel einen Tipp für die Keilriemenspannung abgeholt und den Motor angelassen. Alles funktionierte prima und war selbstgemacht, wie bei einer selbstgemachten Marmelade, wenn man das eingeweckte Glas in der Hand hält. Ich war stolz und es war schon weit nach Feierabend. Fast alle waren schon weg und ich lud Marcel noch auf ein „Fröhlichkeitsbier" am LKW ein. Wir quatschten über Probleme, die auftreten könnten, über Ersatzteile, die ich unbedingt dabei haben sollte, und leerten unser Bier, als uns plötzlich in der abendlichen Stille der Werkstatt ein ungewöhnlich knisterndes Geräusch aus dem Gespräch riss.

Ich drehte mich um und sah unter dem Fahrerhaus grelle Blitze und Geräusche wie an einem elektrischen Stuhl. Jedenfalls stellte ich mir das so vor. Blitzschnell erkannten wir den Funkenflug am Kontakt der neu eingebauten Lichtmaschine, die aus irgendeinem Grund zum Motorgehäuse Kontakt aufgenommen hatte und mir über die bunten Lichtzeichen mitteilen wollte, er sei doch noch nicht ganz fertig – mein „Standardeingriff". Marcel hastete zum Hauptschalter am LKW und trennte die Batterien. Es war wieder Stille eingekehrt, es rauchte noch und ich sah den Kontakt nachglühen. Wir beide schauten uns ratlos an und konnten nicht glauben, was gerade in Bruchteilen von Sekunden passiert war.

„Marcel, nur gut, dass wir uns noch das ,Fröhlichkeitsbier' genehmigt haben, sonst wäre hier alles abgebrannt!" Er hatte nicht viel zu ergänzen. Aus dem „Fröhlichkeitsbier" wurde auf meiner Heimfahrt ein „Nachdenklichkeitsbier". Nicht darüber, warum es passiert war, sondern, dass sich aus so kleinen Dingen plötzlich unbeschreibliche Katastrophen entwickeln konnten. Ich bekam Respekt vor der Dimension Weltreise und das einige wenige Wochen, bevor es losgehen sollte.

Zu Hause erzählte ich Ede meine abgeschwächte Version, man will ja keine Panik verbreiten, zumal Ede die letzten Wochen ziemlich gereizt und dünnhäutig reagierte. Die kommenden Tage baute ich die glänzend neue Lichtmaschine ein drittes Mal aus und die altehrwürdige treue wieder ein. Vielleicht sollte es ja so sein. Immerhin hatte sie seit fast zwanzig Jahren hervorragend ihren Dienst getan. Sie wollte also unbedingt mit auf große Fahrt und ich sah das Feuerwerk als ein göttliches Zeichen aus goldenen Funken und Weihrauch. Wer weiß, wozu es gut sein sollte.

Und Sten, was hast du über Problemlösungen gelernt?

- Probleme machen nur Spaß, wenn sie rasch lösbar sind.
- Altehrwürdige Dinge nie voreilig durch glänzend polierte, dahergelaufene neue ersetzen.
- Ab und an nach vermeintlich getaner Arbeit ein Bierchen trinken, um den neuen Teilen die Chance zu geben, sich mit den alten anzufreunden.
- Je eher man sich dem Unfassbaren hingibt, umso besser. Es wird auf Reisen sowieso zum Dauergast an Bord.
- Vieles ist berechenbar, besonders für uns Rationalisten – das wenigste wird auf Reisen begreifbar sein.

Das weiße Blatt – heute mache ich mein Testament.

Ich hatte immer ein flaues Gefühl im Bauch, wenn ich vor einem weißen Blatt saß. Schon auf der Kunsthochschule in Halle, wo ich ab 1988 Design studierte, hatte ich mir ein Ritual angewöhnt, um dem „Whiteout", wie die Alpinisten dieses Verschwimmen von Konturen beim Blick auf schneeweiße Flächen nennen, den Garaus zu machen. Wenn du vor deinem riesigen weißen Skizzenblatt sitzt und eine neue Arbeit beginnen willst, stottert der Motor. Da heißt es erst mal so richtig aufs Gas zu treten, damit er wieder rundläuft, warm wird und zieht. Damals hatte ich mich eines Tricks bedient, um mich neuen weißen Blättern anzunähern. Ich legte die neuen Blätter erst mal auf dem Fußboden aus und lief mit meinen dreckigen Schuhen drüber. Ab und an war ein Handfeger dran, den ich durch Farbe zog, oder ich fuhr mit den Autoreifen drüber und hatte so schöne Blätter mit wunderbaren Gebrauchsspuren. Nun sollte es mir leichter fallen, meine Zeichnungen und Ideen zu Papier zu bringen, denn benutzt waren sie ja nun schon. Dieses System habe ich dann im Laufe der Jahre auf verschiedene Themen übertragen. Fiel es mir schwer, ein neues Thema zu beginnen, so musste oft ein Selbstbetrugsvehikel her. Denn erfahrungsgemäß ist die Angst vor dem ersten Schultag, der Absprung am Zehn-Meter-Brett oder vor dem neuen Auto nichts anderes als der Respekt vor dem weißen Blatt. Ist also erst einmal der erste Kratzer am neuen Wagen oder der Sprung mit einem Schupser vom Sprungturm getan, dann ist man bereits mittendrin und muss nicht mehr nachdenken, springe ich jetzt oder doch lieber erst später. Also springen, ohne nachzudenken. Hinterher fühlt man sich richtig gut.

So ist das wahrscheinlich auch mit dem Testament. Sitzt man mit Anfang Fünfzig vor diesem leeren Blatt, so gehen einem richtig

tiefe Gedanken durch den Kopf – sogar mit Echo. Die Überschrift fällt noch leicht. Nicht, dass ich falsch verstanden werde, der Inhalt des Testamentes fiel mir nicht schwer, sondern der Akt an sich. Aber ich beruhigte mich damit, dass Ede ja noch sechs Jahr jünger war und ebenso vor ihrem weißen Blatt saß. Ich schrieb es mit der Hand und einem Füller, das habe ich in Filmen so gesehen. Das macht man so, damit die Dramatik noch erhöht wird und jeder Fehler sichtbar bleibt. Es sollte ja das Letzte bleiben, was von einem wirklich wichtig war. Immerhin konnte einem auf solch einer Reise viel passieren. All das ging mir beim Schreiben so durch den Kopf. Jetzt wurde es wirklich Ernst, Sten.

Ich machte einen langen Strich über das ganze Blatt und schrieb Testament in Großbuchstaben darüber. In einem Zug beschrieb ich das Blatt Büttenpapier, unterschrieb es hastig, setzte noch das Datum darunter, faltete es und verschloss den Umschlag schnell, so als ob ich einen Geist einsperren müsste. Da lehnten nun zwei identische Umschläge, einer von Ede und einer von mir, an einer Flasche Rotwein. Wer weiß, wann sie einmal geöffnet würden. Hier meine ich die Briefumschläge – die Flasche Rotwein war schon offen!

Eigentlich nichts Besonderes, so ein Testament. Aber wer auf Reisen geht, sollte mit allem rechnen. Mit den Regelungen im Büro hatte ich schon etwas früher begonnen, mit dem Aufbau der Führung in unserer Firma sogar bereits fünf Jahre vorher. Ich persönlich halte dabei viel vom Aufbau der Führung aus den eigenen Reihen. Selbst wenn es sehr lange dauert, es ist einfach wertstabiler. Langsam wachsende Hölzer sind auch widerstandsfähiger und härter als die schnell wachsenden Pappelgehölze.

Vielleicht ist dies eine altmodische Sichtweise. Jedoch war ich mir meiner Verantwortung in Vorbereitung dieser Reise immer bewusst. Es musste auch ohne uns laufen, so viel war klar. Und das nicht nur einen Monat oder drei, sondern ein ganzes Jahr. Wir richteten bei der Vorbereitung alles darauf, die Firma von uns

unabhängig zu machen. Denn wie gesagt, so ein Testament macht man nicht aus Spaß. Es musste privat und auch geschäftlich jede Situation bedacht werden, die eintreten könnte. Meinem Vater stellte ich eine Verfügungsvollmacht aus, die ich notariell beglaubigen ließ. Er sollte derjenige meines Vertrauens sein, bei dem alle Fäden zusammenlaufen, für den Fall, das uns etwas passierten. Ich machte eine Notfallliste, wo alle wichtigen Unterlagen zu finden waren. Wir kündigten alles, was ging, ob Versicherungen, Zeitungen, Telefonkarten, Fitness- und Yogacenter. Mit jeder Kündigung wurde es endgültiger.

Und Sten, was sollte man unbedingt vor einer Reise regeln?

- Es gibt nur zwei Wege eine Weltreise vorzubereiten, entweder du machst es richtig oder du fährst einfach so los, davon habe ich ja nun oft genug geredet.
- Das handgeschriebene Testament ist ein Muss, es sei denn, du willst deine Erben mal so richtig ärgern!
- Alles Verzichtbare wird gekündigt, Zeitungen, Abos, Telefonverträge, sogar Lebensversicherungen können eine Zeit ausgesetzt werden. Es ist eine Chance, mal so richtig aufzuräumen, das ist auch für danach gut!
- Setze eine Person deines Vertrauens ein und gib ihr Handlungsvollmacht, möglichst notariell beglaubigt.
- Fotografiere deine ganze Wohnungseinrichtung. Sollte eingebrochen werden, hast du Beweisfotos, was wirklich alles in deiner Wohnung stand.
- Neben einem Testament sollte man die bevorstehende Reise zum Anlass nehmen, seine persönlichen Unterlagen zu ordnen.
- Alle Pässe, Kreditkarten, KFZ-Dokumente, PIN-Nummern kopieren und zu Hause an einem sicheren Ort ablegen.
- Macht euch mit einem Vertrauten, z. B. euren Eltern, ein Codewort aus, welches ihr in einer brenzligen Situation benutzen könnt, und nicht offen reden könnt.

آلمان Deutschland auf Persisch – internationale Verwicklungen rechtzeitig abgewendet.

„Überweisen Sie erst mal 100 € auf mein österreichisches Konto!", war die Antwort auf meine E-Mail, in der ich nach der Nummer fragte, die ich zur Beantragung meines iranischen Visums benötigte. Wie, erst einmal 100 € auf irgendein dubioses Konto nahe der Schweiz überweisen? Ich überwies natürlich nicht. Dafür recherchierte ich umso kräftiger im Internet. Eines wurde mir danach schnell klar, wenn ich in den Iran einreisen wollte, brauchte ich unumgänglich eine Referenznummer für die offizielle Einladung in den Iran. Keine Ahnung, wozu diese Nummer gut sein sollte, jedoch hatte ich in meinem ganzen Leben noch nie einfach so irgendwohin Geld überwiesen, nur weil mir jemand seine Kontonummer gegeben hatte. Da war ich schon kurz nach der Wende stutzig geworden, als ich an meine Büroadresse einen Brief aus dem Kongo erhielt. Da war es jedoch andersherum, denn jemand wollte mir Geld überweisen. Einfach so, aus einer Notlage heraus, wie er mir in dem Brief glaubhaft zu versichern versuchte. Der Brief, in einem lustig bunten Luftpostumschlag kurz nach der Wende war tatsächlich an mich adressiert und ich als frisch gebackener Bundesbürger war beeindruckt, dass meine Bekanntheit bis nach Afrika reichen sollte. Alles war richtig, die Adresse, der Name. Sorgsam mit einer Schreibmaschine war der Brief auf hauchdünnes Papier getippt worden, wahrscheinlich um Geld zu sparen, so dachte ich mir. Der Brief kam ja schließlich aus dem Kongo. Ich las aufmerksam, bis ich an die Stelle kam, wo heutzutage geschickt Werbung eingeblendet wird, um die Spannung zu erhöhen. Hier stieß ich auf eine Zahl, eine sehr lange Zahl. Eine riesige Zahl. So groß, dass ich die Nullen zählen musste, und hinter der Zahl stand ein Dollarzeichen! Wollte mir doch tatsächlich jemand zu

Beginn der neunziger Jahre im letzten Jahrtausend mehrere Millionen Dollar auf mein Konto überweisen und mit mir brüderlich teilen, so versicherte mir der Absender. Ich entschied mich gegen das viele schnelle Geld und für die langwierigere Variante. Schließlich war ich ja nach der Wende gerade am Anfang mit dem Geldverdienen, und das wollte ich dann auch auskosten.

Den Brief habe ich heute noch, denn zweifellos hat sich jemand richtig Arbeit mit dem Schreibmaschineschreiben gemacht. Aber zurück zu meinem Iran-Visum. Kein Geld, keine Referenznummer, so dachte ich mir. Also habe ich meine deutsche Vorsicht zur Seite geschoben, habe 100 € an einen gewissen Mister Farhad überwiesen und gewartet. Eine Woche, zwei Wochen, drei Wochen! Wusste ich es doch, Sten – reingefallen! Ich schrieb Mister Farhad eine E-Mail. Wartete eine Woche und eine zweite, und plötzlich kam Antwort vom Mister.

„Ich habe es vergessen, sorry – aber heute mach ich es, sorry, sorry! Wir haben noch Zeit, oder? Tut mir leid, ich habe es vergessen! F."

„Von nun an alle Vorurteile beiseite und positive Energie, Sten", so dachte ich bei mir und schämte mich ein wenig. Alles lief mit einiger Verspätung bestens. Ich hatte die Referenznummer, konnte das Visum beantragen und musste mir eingestehen, dass uns die altehrwürdigen Länder entlang der alten Seidenstraße eines voraus hatten – Vertrauen. Dieses Vertrauen begann ich mit diesem Erlebnis aufzubauen. Immerhin sollten wir in dem Jahr allein unterwegs sein, da blieb einem ja gar nichts anderes übrig, als Menschen, denen man begegnete, zu vertrauen. Von nun an legte ich meine deutsche Skepsis ab und hörte nur noch auf mein kosmopolitisches Baugefühl. Kopf aus – Bauch an! Da kam mir bei einer Unterhaltung mit Ede über das Thema Sicherheit auf der Reise die Idee: „Lass uns das Wort Deutschland in allen Sprachen an den LKW schreiben!" Ede nahm mein Motto „Kopf aus …" wörtlich und entgegnete wie aus der Pistole geschossen: „Da wissen ja alle gleich,

wen sie kidnappen müssen! Steht ja dann dran – hier sind Deutsche, die immer Geld haben!"

Konnte ich irgendwie nachvollziehen, diese Argumentation. Was Ede nicht wusste, ich hatte es bereits an den LKW geklebt und mit dem Vertrauen einen Pakt geschlossen. In dieser Zeit wurde alles sofort gemacht, so auch die Deutschland-Beschriftung rund um den LKW. Als Ede es dann sah, fand sie es doch irgendwie gut und wir hatten auch keine Lust mehr, es abzumachen. Haben aber das Abkommen getroffen, wenn wir die ersten Probleme damit bemerkten, würden wir den Herkunftsnachweis an unserem LKW sofort entfernen. Ich war irgendwie froh, dass ich so schnell war und nun in zehn Sprachen rund um den LKW stand, woher wir kamen. Ich war jetzt schon etwas stolz, dass wir Deutsche waren, wie das im Iran, in Russland oder gar in Griechenland gesehen würde, wusste ich natürlich nicht.

Überall in Jena sprach man mich auf die Übersetzungen an. Als ich eines Tages einen Anruf von meinem guten Freund Peter bekam, der mich für die Übersetzungen beglückwünschte, ahnte ich es schon. Der Glückwunsch kam nicht so ganz echt rüber, um nicht zu sagen, er hatte eine kräftige Spur Ironie in sich. Peter hatte Persisch studiert und war lange Zeit als Dolmetscher unterwegs gewesen. Er hatte ein Foto von meinem LKW gesehen und gratulierte mir zu meiner Übersetzungsleistung aus dem Google-Translater. Ob ich wüsste, was diese persischen Zeichen bedeuteten, fragte er mich schließlich. Er ließ die Katze aus dem Sack und machte mich nett darauf aufmerksam, dass die Farsi-Schriftzeichen der persischen Sprache spiegelverkehrt waren. Nur gut, dass ich so liebenswerte Mitmenschen habe, die mich nicht ins Verderben laufen lassen, dachte ich so bei mir. Ich wechselte die Schriftzeichen und würde so wahrscheinlich irgendwelchen internationalen Verwicklungen an der iranischen Grenze aus dem Weg gehen. Wer weiß, was diese falschen Zeichen bedeutet hätten. Mit Sicherheit nichts Gutes. Was wäre, wenn ein Iraner mit seinem Fahrzeug und der

Aufschrift „neisreP" zu uns kommen würde. Für die, die den Witz nicht verstehen, das bedeutet „Persien" rückwärts, so wie ich es dank Google mit dem Wort „Deutschland" ebenso getan hatte.

Und Sten, wie hältst du es mit dem Vertrauen?

- Wenn du eine große Reise machen willst, spring über deinen Schatten und vertraue den Menschen, deren Sprache du nicht einmal sprichst.
- Vertraue vielen und vielem, jedoch nicht immer dem Google-Translater.
- Bauch schlägt Hirn! Kopf aus, Bauch an! Deshalb haben manche Bauern die größten Kartoffeln!
- Keine Briefe oder E-Mails aus dem Kongo beantworten, in denen Zahlen mit mehr als acht Nullen nach der eins stehen!
- Außerhalb von Deutschland ist es immer eine gute Idee, mit der Aufschrift „Deutschland" herumzufahren. Aber unbedingt nochmal jemanden bei der Übersetzung drüberlesen lassen!
- Schiebe auf Reisen alle Vorurteile beiseite, als Fremder hast du sowieso keine Wahl, du musst dich mit allem und jedem arrangieren, ob du willst oder nicht!

 ## Das Schicksal – es steckt ab jetzt in meiner rechten Hosentasche.

Jeder von euch kennt mit Sicherheit irgendwelche Rituale oder Zwangshandlungen, wenn es um wichtige Dinge geht. Geht man in eine Prüfung, so spuckt man sich über die linke Schulter, oder war es die rechte? Zwangshandlungen sind schon etwas Schönes, vor allem, wenn es der Beseitigung des Kopfkinos dient. Was wäre wenn …? Was passiert warum …? Oder warum musste ausgerechnet mir das jetzt …? Was macht man da, natürlich zermartert man sich das Hirn. Das kleine unerbittliche Männchen im Kopf kennt einen schon sehr genau und es sitzt schließlich an einem übergroßen Pult mit lauter bunten Tasten und Hebeln und drückt diese zu den unpassendsten Zeiten. Solch ein Gefühl hatte ich, als sich wenige Wochen vor der Abfahrt aus irgendeinem Grund ganz plötzlich das Fahrerhaus unseres MAN nicht mehr kippen ließ. Für diejenigen unter euch mit noch weniger LKW-Kenntnissen als ich – das Fahrerhaus sollte man schon kippen können, denn darunter befindet sich sein Herz, der Motor. Also schon wichtig, so ein Fahrerhauskippsystem. Kann ja keine Hexerei sein, so ein Mechanismus. Ein Hydraulikkolben, eine Handpumpe, vier Leitungen, zwei Verriegelungen und ein paar Liter rotes Hydrauliköl und schon bewegt sich was.

Bei mir war das nun plötzlich anders. Nichts bewegte sich! Es bockte – wahrscheinlich stand besagtes Männchen auf der Bremse und wollte mich herausfordern. Ich wechselte nacheinander die Verriegelungen, die Handpumpe, die Hydraulikleitungen. Nichts! Es bewegte sich einfach nichts! Nun war es bereits Mitte Dezember und ich sagte mir, keine Panik, das wird schon. Schließlich wurde bisher immer alles. Da hatte ich aber nicht mit meinem Schicksalsmännchen, wie ich es inzwischen nannte, ge-

rechnet. Ich führte schon beim Zu-Bett-Gehen Gespräche mit ihm. Ich versuchte es auf die verständnisvolle, ja sogar auf die demütige Art, mich mit ihm zu einigen. Denn irgendwie war alles zu etwas nütze, selbst wenn man es nicht gleich erkannte. Wozu das nütze sein sollte, so kurz vor Abfahrt, war mir jedoch nicht ganz klar. So war es eben, wenn man weit weg fahren wollte und nicht wusste, ob man wiederkommen sollte.

Wie Männer so sind, konzentrierte ich mich auf mein Hauptproblem, das „Fahrerhauskippsystem". Das lenkte ab und nahm mein Männchen im Kopf für wichtig, schließlich hatte es ein Aufmerksamkeitsdefizit. Mit Ede konnte ich schon seit einigen Wochen nicht mehr so richtig rechnen, sie war im Notlaufprogramm und funktionierte nur noch. Also machte ich alles mehr oder weniger mit mir und den Männern von der MAN-Werkstatt aus, die inzwischen auch etwas ratlos waren. Ich war ja schließlich nur ein geduldeter Gast in der Werkstatt, der seine Probleme allein lösen sollte, immerhin wollte er ja auch allein in die Welt, ohne Werkstattwagen und Bordmechaniker. „Tja Sten, du wolltest es so, nun bekommst du es so!", sagte mir in einer ruhigen Minute wieder einmal mein Kopfkinomännchen, welches inzwischen von mir den Spitznamen KoKiMä bekommen hatte.

Die letzte Woche vor der Abfahrt war nun auch noch angebrochen, ich schlief mit Kopfschmerzen ein und wachte mit Kopfschmerzen auf. So hatte ich mir die Vorweihnachtszeit nicht vorgestellt. Aber das kannte ich schon seit meiner Kindheit. Sobald ich mir etwas Tolles vorstellte und es mir in meinen Träumereien ausmalte, ging es garantiert schief und kam immer überraschend anders als gedacht. Je älter ich wurde, umso mehr benutzte ich eine Gegenstrategie. Ich malte mir schlimme Dinge aus, die mir in bestimmten Situationen passieren könnten, und freute mich, wenn diese nach meiner Gesetzmäßigkeit dann nicht eintraten. So war es auch meistens, oder sogar immer. Ich trickste also zu jener Vorweihnachtszeit mein kleines Männchen im Kopf permanent aus.

Nun musste ich mich natürlich nicht wundern, wenn es einmal die Nase voll hatte von dieser List. Ich hatte das Gefühl, es schlug nun endgültig zurück.

Übrigens, das Fahrerhaus ging immer noch nicht zu kippen. Ich hatte alles gewechselt, was zu wechseln war, sogar als letzte Hoffnung den Hydraulikzylinder. Doch das Schicksal hatte sich festgefressen. Ein Plan B war nicht in Sicht und die Männer von der Werkstatt, einschließlich Lutz, der Werkstattmeister, waren ratlos und konnten inzwischen ebenso schlecht schlafen wie ich. Denn alle wussten, dass am 28.12. in Venedig unsere Fähre hupen sollte.

Was macht man in einer solchen Situation fünf Tage vor Weihnachten? Man sagt einfach: „Sten, scheiß drauf! Dann fährst du eben einfach so los!" Ganz so, wie es dir der Wolfgang vor einem halben Jahr prophezeit hatte. Das war plötzlich eine Option. Ich war erleichtert über diesen genialen Einfall, mein Männchen im Kopf schäumte vor Wut. Aha, so einfach war es also, das KoKiMä kaltzustellen! „Genial!", dachte ich mir und das Schicksal nahm wie so oft im Leben seinen Lauf. Just am selben Tag rief mich Lutz aus der Werkstatt an und unterbreitete mir seine Lösung. Hatte er doch tatsächlich bei MAN einen Hydraulikzylinder für einen MAN-Doppelkabiner aufgetrieben, der stärker war und die gleiche Bauform hatte. „Jetzt machen wir es eben mit Kraft", sagte er. Das KoKiMä hielt die Klappe und wir bauten den Zylinder am 22. Dezember, zwei Tage vor den Weihnachtsferien der Werkstatt, ein.

Ich schob mit zitternden Händen die Stange in die Hydraulikpumpe, pumpte sanft, als ob ich ein Theaterstück vor allen anwesenden MAN-Mechanikern inszenieren wollte. Ich pumpte schneller, spürte den Wiederstand und die Kraft in dem neuen Zylinder, der Schließmechanismus entriegelte und Millimeter für Millimeter hob sich das Fahrerhaus an.

Was so ein Satz „Dann fahr ich eben einfach so los!" alles bewirken konnte, dachte ich mir insgeheim. In meinem Kopf war Ruhe eingekehrt und KoKiMä sprach kein Wort mehr mit mir.

Zufrieden fiel ich an jenem 22.12. in mein Bett und schlief zu wie ein Bär. So einfach konnte es sein, Menschen wie mich glücklich zu machen. Ach ja, beinahe hätte ich es vergessen. Ab dem 22. Dezember steckte nun auch noch mein Schicksal in meiner rechten Hosentasche. Mein Schicksal in Form einer dreißig Millimeter langen M12-Edelstahl-Straube, welche ich von Carsten, einem der Techniker bei MAN, als seinen ganz persönlichen Glücksbringer an mich geschenkt bekommen hatte. Mit den Worten „Nimm die Schraube, steck sie in deine rechte Hosentasche und du wirst immer Glück haben auf deiner Reise!"

Plötzlich bekam ich Schiss. So viel Glück auf einmal war ich nicht mehr gewohnt. Nicht wegen der Prophezeiung, sondern wegen der Verantwortung. Was war, wenn diese wichtige Schraube verloren ging? Irgendwie wird man abergläubisch, je weniger man es in den Händen hält. Mal sehen, ob die Schraube wirklich magische Kräfte hatte. Hatte sie aber jetzt schon, immerhin war sie nach einer halben Stunde in der Hose schon handwarm und ich heil die sechs Kilometer von der Werkstatt nach Hause gekommen.

Und Sten, was weißt du nun über Rituale?

- Rituale sind wichtig, nicht nur für Kleinkinder. Überall auf der Welt wirst du mit Ritualen konfrontiert. Gewöhn dich jetzt schon mal dran.
- Eine Schraube mit dem Gewinde M10 bis M30 bietet sich als Glücksbringer an. Ab M30 kann aus solch einem Ritual leicht eine Bürde werden.
- Jeder hat sein eigenes Kopfkinomännchen – KoKiMä. Lerne es frühzeitig kennen. Rede mit ihm – verwirre es. Bleib stets unberechenbar für diesen Quälgeist.
- Am Ende wird alles gut. Wenn es noch nicht gut ist, ist es noch nicht das Ende.
- Man muss nicht abergläubisch sein, um Rituale zu haben – Rituale muss man einfach lieben!

Endlich Weihnachten – wir schenken uns einen Löffel und eine „Hochzeit".

Weihnachten – das Fest – ist schon per se ein Geschenk des Himmels. Am Ende eines Jahres, wie es auch immer gewesen sein mochte, lädt es zum Abschiednehmen ein. Das war der Plan, deshalb auch der Starttermin – theatralisch um die Weihnachtszeit. Diesmal sagten wir uns, schenken wir uns nichts. Weder hat einer von uns die Nerven für kleine Basteleien, noch stand uns der Sinn nach weiteren Überraschungen. Die Reise sollte unser eigentliches Geschenk sein. Wie das bei Paaren immer so ist, irgendeiner hält sich natürlich nicht an die Abmachung. Diesmal war ich es. Aber weniger aus schlechtem Gewissen oder Überraschungseifer, sondern aus eher praktischen Gründen. Bei vorangegangenen Reisen in die arabische Welt begegneten mir in den Gesprächen mit Einheimischen immer wieder dieselben Gesprächsmuster. Woher kommst du? Wie heißt du? Bist du verheiratet und wie viele Kinder hast du? Obwohl ich oftmals die Sprachen nicht verstand, wusste ich um diese Rituale und Muster im Smalltalk. Alle diese Fragen, konnte ich wie aus der Pistole geschossen beantworten. Nur bei der Frage „Bist du verheiratet?" wurde ich immer verlegen und verschränkte unbewusst verlegen meine Arme auf dem Rücken, damit mein Gesprächspartner meine ringlosen Finger nicht sehen konnte. Nur den Bauern vom Lande, denen kannst du nichts vormachen. Sie erkennen sofort, wenn du lügst, selbst wenn sie es sich nicht anmerken lassen. Zumal wir in den Iran fahren wollten und bereits in den Visaanträgen einige unschöne Fragen nach dem Beziehungsstatus beantworten mussten. Um der ganzen Diskussion aus dem Weg zu gehen, beschloss ich, es müssten Ringe her. Schließlich hatte ich im Iranvisum angegeben, dass wir verheiratet waren. Aus Verlegenheit, da ich nicht wusste, was passieren würde,

wenn ich ein Kreuz bei „geschieden" machen würde. Ob das die Sittenpolizei im Iran, von der ich schon viel gehört hatte, gut finden würde, wusste ich nicht. Egal, ich wollte auf Nummer sicher gehen. Wo bestellt man Eheringe, natürlich beim Juwelier – oder bei Amazon: zwei Partnerringe mit Gratis-Gravur für 22,90 € zzgl. Versand, Bestellnummer 305-0293818-4417955. Ich gab die Gravur „EDEUNDSTEN2015" als Wunsch-Gravur an und bestellte. Zwei Tage später hielt ich die Ringe in meinen Händen. „Toll", dachte ich mir, „Heiraten bei Amazon, das ist doch mal eine schöne Geschichte."

Das zweite unvorbereitete Weihnachtsgeschenk sollte etwas mit unserem Reiseprojekt zu tun haben. Da wir es schon immer liebten, nicht einfach als Touristen durch die Gegend zu ziehen, sondern im Auftrage unterwegs zu sein, hatte sich in den letzten Wochen der Wunsch nach einem Kochprojekt verstärkt. Das Motto hatten wir schon: „Silk Route Cooking 2015". Aus der Silk Road wurde bei uns durch einen leichten Schreibfehler die Silk Route. Egal, wir ließen es dabei. Schließlich sollte es etwas Besonderes sein. Man wollte ja später wieder etwas zu erzählen haben. Wir malten uns aus, mit den Menschen entlang der Seidenstraße deren Lieblingsgerichte zu kochen, wenn wir schon nicht mit denen reden konnten. Mit Händen und Füßen kochen, das geht immer, dachten wir. So kam mir, um die Ernsthaftigkeit des Kochprojektes noch zu unterstützen, die Idee, ein überdimensionales Besteck als Sympathieträger und Maskottchen mitzunehmen. Im Internet fand ich es: 1,50 Meter groß, sogar aus solidem Aluminium. Nach einigen Überlegungen verzichtete ich jedoch auf das Messer und die Gabel. Irgendwie war mir nicht ganz wohl bei der Vorstellung, an der Grenze mit einem 1,50 Meter großen Messer in der Hand verhaftet zu werden. Die Gabel war mir auch zu aggro, also bestellte ich nur den Löffel. Da lag er nun blank poliert, aus schwerem Aluminium und daneben die zarten „Hochzeitsringe". Wir freuten uns über unsere Reisegeschenke, probierten die Ringe an. Ede passte der

Ring auf dem Daumen und mir auf dem kleinen Finger. Egal, nun musste ich bei der Frage „Are you married?" nicht mehr rot werden. Ich konnte es sogar zeigen.

Und Sten, worauf sollte man sich mental einstellen?

- Die Menschen wollen nichts Kompliziertes wissen. Wie heißt du, woher kommst du, wie lange bist du verheiratet und wie viele Kinder hast du.
- Kleinere Notlügen sind erlaubt. z. B. warum du unterwegs bist. Da reicht es nicht, von einer Auszeit, Burnout oder von Individualismus zu philosophieren. Das versteht niemand.
- Gute Gründe unterwegs zu sein sind: Teppiche zu transportieren, ein Buch zu schreiben, mit Autos zu handeln oder sich auf der Rally Paris-Dakar verfahren zu haben.
- In den meisten Ländern der Erde ist es unbedingt von Vorteil, verheiratet zu sein und mindestens drei Kinder zu haben. In Ländern der Polygamie nicht gleich übertreiben.
- Trinkfestigkeit gehört zur Standardausrüstung. Etwas Training im Vorfeld schadet nicht.
- Der erste Eindruck ist auch in der Fremde der Beste – ob mit gekonnten Trinksprüchen oder kleinen Prahlereien.

 ## Die Angst vor der eigenen Courage.

Ich kenne das Gefühl noch sehr genau, wenn etwas Wichtiges in einer Stunde losgehen soll. Das Herz schlägt immer heftiger und man kann sich nicht mehr richtig konzentrieren. Ähnlich ging es mir in dieser einen letzten Stunde vor Reiseantritt. Sieben Jahre Vorbereitung sollten nun zu Ende gehen. Ich wurde schon etwas sentimental, als ich kreuz und quer durch die Wohnung lief, um noch irgendwelche unnützen Dinge zu tun, die sowieso niemanden mehr interessierten, wenn wir gleich die Tür hinter uns zuschließen sollten. Aber irgendwie tat es gut, sich die Wohnung noch einmal ganz in Ruhe anzuschauen. Wer wusste, wann und ob man wiederkommt. Da war schon ein flaues Gefühl dabei.

Ein ganzes Jahr! Wie sich das wohl anfühlt, ein ganzes Jahr unterwegs zu sein? Jeden Tag ausschlafen zu können. Tun und lassen, was man möchte – ein ganzes verdammtes Jahr lang. Irgendwie aber auch ein tolles Gefühl, bei allem Respekt vor dem Kommenden. Keine Ahnung, was uns alles an Schönem, Traurigem, Gefährlichem und Unvorhergesehenem begegnen würde. Wie würden die Menschen sein, die wir unterwegs treffen, wie würden wir sein. Und natürlich, wie würden wir wiederkommen? Gemeinsam, oder jeder für sich, weil wir uns auf der langen Fahrt verstritten und entzweit hatten. Wir kannten das Empfinden vorher schon recht gut, denn jedes Jahr um diese Zeit begannen wir seit über fünfzehn Jahren unsere Urlaubsreisen exakt an diesem Tag nach Weihnachten. Es war quasi zum Ritual geworden. Nur, dass es jetzt kein Urlaub von drei Wochen, sondern eine ganze Reise werden sollte. Die Konditionierung auf Arbeit und Urlaub machte es schwierig, mir genau das vorzustellen. Lange arbeiten, da weiß ich, wie sich das anfühlt, aber lange nichts machen, das wird eine neue Erfahrung.

In der letzten Stunde schlugen die Emotionen und Gedanken Purzelbäume.

Die Angst vor der eigenen Courage wich mit jeder Minute der Rationalität, auch an alles gedacht zu haben. Schließlich wäre es ganz schön peinlich, nach zwanzig Kilometern wieder umzukehren, nur weil man das Klopapier vergessen hat.

Und Sten, kann Angst zu irgendwas nütze sein?

- Eigentlich nicht! Angst lähmt und macht noch mehr Angst!
- Oder doch? Denn Angst schafft Respekt. Und Respekt ist überall dort gut, wo man sich nicht auskennt.
- Jedoch denke ich, sollte man nicht zu viel über das Thema Angst nachdenken. Sie kommt in den unpassendsten Augenblicken von ganz allein.
- Angst kann man überwinden. Da gilt auch der Spruch: „Hinfallen, aufstehen, Krone richten und weitermachen!"
- Und, Angst schärft die Sinne! Was du dann damit machst, bleibt dir überlassen.

Sind wir tatsächlich losgefahren?

Das ist die Minute, in der sich Mann von Frau trennt: „Schatz, ich geh schon mal runter und lass den Motor warmlaufen!"

Das ist der Satz, den jede Frau so liebt. Denn erfahrungsgemäß steht immer noch mehr in der Wohnung, als Frau tragen kann.

Ich hörte, wie die Tür in das Schloss fiel und fühlte mich befreit. Befreit von allem, was einem sonst so Sorgen macht. Gedanklich ließ ich den Wohnungsschlüssel in den Gully fallen und betrat mein neues Leben.

Und Sten, noch letzte Tipps zur Vorbereitung auf Lager?

- Es ist egal, ob du ein Vierteljahr oder ein ganzes Jahr unterwegs sein willst. Der Vorbereitungsaufwand ist derselbe – der Effekt mit Sicherheit nicht.
- Die Vorbereitungszeit ist eigentlich die schönste Zeit der Reise. Es ist wie in der Vorweihnachtszeit – wenn man ehrlich ist, ist es auch viel schöner, mit Kumpels beim fünften Glühwein auf dem Weihnachtsmarkt zu stehen, als mit der Verwandtschaft beim dritten Kaffee im überhitzten Wohnzimmer langsam dahinzudammern.
- Eine Reisevorbereitung ist wie ein Mars-Camp auf der Erde – stelle dir das Schlimmste vor, was passieren kann, und du wirst auf alles wenigstens mental vorbereitet sein. (PS: Und das Beste, es wird erfahrungsgemäß nie eintreten.)

Wie planten wir die Reise?

Es gab eine ganze Menge zu tun und mitunter glaubten wir, den Berg niemals abtragen zu können. Daher nun im Nachhinein unser Tipp: Einfach anfangen. Wo du beginnst, die erste Schaufel des Berges abzutragen, ist dabei vollkommen unerheblich. Hauptsache du startest, statt ehrfurchtsvoll vor dem Haufen stehen zu bleiben. Je früher du loslegst, umso kleiner ist der Berg des Unerledigten am Ende. Auch wenn es Reisevorbereitungs-Wühlmäuse zu geben scheint, die immer wieder neue Häufchen auftürmen.
Viel Spaß beim Mitwühlen.

Ein Jahr vor der Reise

Arbeitgeber einweihen
Falls du mit dem Gedanken an ein Sabbatjahr spielst, solltest du jetzt vorsichtig vorfühlen, wie das bei deinem Arbeitgeber gehandhabt wird. Vielleicht gibt es die Regelung, zwei Jahre das halbe Gehalt zu beziehen. Ein Jahr dafür voll arbeiten und das zweite Jahr die Auszeit nehmen, oder ähnlich clevere Modelle.

Die Familie ins Boot holen
Du musst abwägen zwischen dem Schock, den eine kurzfristige Ankündigung verursacht, und der langen Phase, in der nur noch im Vordergrund steht: „Er/Sie wird uns verlassen".

Geld ansparen
Monatlich per Dauerauftrag ein festes Budget beiseitezulegen hilft, bei Reiseantritt gut ausgestattet zu sein.

Kündigungsfristen für Abos, Wohnung oder Job beachten

Mietvertrag, Telefon, Strom, Kabelanschluss, Handy, Versicherungen, Vereine, Zeitschriften, alles will hinterfragt werden. Mach dir einen Plan, was du wann kündigen oder umstellen musst.

Potenzielle Reiseziele

Finde heraus, wohin es dich zieht. Verschaffe dir mehr Informationen. Mit anderen Reisenden reden, Blogs lesen, Bildbände durchstöbern, Doku-Sendungen und Multimedia-Vorträge verschlingen und am Ende überhaupt nicht mehr wissen, wohin du willst. Spaß beiseite, hör auf deine innere Stimme und wähle dir deine Informationsquellen mit Bedacht aus.

Ausrüstungs-Wunschliste

Deine Liebsten werden dankbar sein, wenn sie wissen, worüber du dich am Geburtstag oder zu Weihnachten freust. So können alle etwas zu deiner Reise beisteuern.

Sechs Monate vor der Reise

Jetzt beginnt die heiße Phase. Reserviere dir genügend Zeit für die Vorbereitungen. Ein Tag pro Woche ist optimal.

Einstieg in die konkrete Planung der Reiseroute

Recherchieren von Flugverbindungen, Reisewetter und Einreisebestimmungen – das braucht Zeit.

Impfberatung beim Tropenarzt

Nimm Kontakt zu einem Tropeninstitut, Internisten oder dem Hausarzt auf. Stell dort deine Reiseroute vor und du erhältst die Impfempfehlung und einen Impfplan. Und dann gleich damit loslegen.

Freunde einweihen

Die meisten mögen es nicht, wenn sie erst kurz vor der Abreise vor vollendete Tatsachen gestellt werden. Umgekehrt kann aber nach der Bekanntgabe deiner Reisepläne die Zeit noch sehr lang werden. Du wirst allen mit deiner Vorfreude unendlich auf die Nerven gehen.

Gültigkeit des Reisepasses

Überprüfe, ob dein Pass bis drei Monate nach der Reise gültig ist und beantrage einen 2. Reisepass. So erleichterst du dir den Visum-Beschaffungsprozess in vielen Ländern. Ein zweiter Pass steht jedem Bundesbürger zu, in Ausnahmefällen kann sogar ein dritter Pass beantragt, werden. Wähle Pässe mit doppelter Seitenzahl.

Finanzen und Papiere ordnen

Alle Informationen für die Heimatbasis vorbereiten.

Vier Monate vor der Reise

Reiseroute festlegen

Unterwegs kann sich später trotzdem immer was ändern.

Tickets buchen

Reiserücktrittsversicherung nicht vergessen.

Ein handschriftliches Testament machen

Jetzt hast du noch Muße dazu. Nutze Beratungshilfe.

Ausgewählte Ausrüstungsteile kaufen

Jetzt hast du noch Zeit. Alles, wo ein gewisser Beratungsbedarf besteht, sollte früh begonnen werden. Interessant sind Schuhe. Die wollen eingelaufen werden.

Überflüssige Dinge
Eine gute Gelegenheit zum Ausdünnen deiner Alltagsgegenstände. Nach und nach ausmisten, verschenken, verkaufen – Ballast abwerfen.

Drei Monate vor der Reise

Check-Up beim Hausarzt / Frauenarzt etc.
Den gefassten Impfplan Woche für Woche abarbeiten.

Check-Up beim Zahnarzt
Lass dir etwas provisorische Füllung vom Zahnarzt mitgeben.

Reisekonto
Eröffne eins, falls du es nicht schon hast.
Kreditkarte beantragen, die DKB Bank ist dabei eine gute Wahl, vorhandene Kreditkarten auf Gültigkeit überprüfen, ggf. neue beantragen. Unterschiedliche Kreditkarten (Visa, Mastercard …) mitnehmen.

Möbeleinlagerung
Recherchiere, wer in deinem Umfeld so etwas macht, ggf. Umzugsunternehmen oder Miet-LKW fzur Einlagerung bestellen.

Adressen und Telefonnummern
Das Adressbuch aktualisieren sowie die Telefonnummern und Geburtstage der besten Freunde zusammenstellen. Entlang der Reiseroute Kontakte von Freunden und Bekannten zu haben, ist enorm hilfreich.

Zwei Monate vor der Reise

Wohnung untervermieten
Falls das für dich relevant ist. Oder schriftlich kündigen, dann Kündigungsfrist beachten.

Passbilder
Für die Visabeantragungen unterwegs brauchst du immer wieder Passbilder. Lass dir einen ganzen Stapel von ca. 20 Stück davon machen. Je nach Reiseland unterschiedliche Formate von Passbildern beachten.

Visa beantragen
Jedes Visum hat ab Genehmigung drei Monate Gültigkeit, eventuell zweiten Pass zum späteren Nachsenden bei Visumzentrale hinterlegen.

Reise-Blog
Einen Reise-Blog für unterwegs anlegen und die Funktionen ausprobieren.

Familie informieren
Die Familie mit der geplanten Reiseroute und dem Zeitplan vertraut machen. Klären, wer zu Hause deine Kontaktperson des Vertrauens sein kann.

Vollmachten erteilen
Vertrauensperson bestimmen und ihr Bankvollmachten und Ähnliches erteilen. Wenn du willst, lass die Vollmacht von einem Notar beglaubigen.

Skype-Account einrichten

Internationalen Führerschein besorgen

Reiseapotheke
Mit einem Arzt alle Eventualitäten abstimmen und gemeinsam entscheiden, welche Medikamente ratsam sind. Rezepte ausstellen lassen. Medikamente besorgen. Schachteln mit Krankheitssymptomen beschriften.

Ein Monat vor der Reise

Krankenversicherung
Anwartschaft schriftlich beantragen.

Reiseversicherungen
Auslandskrankenversicherung und Reiseversicherung abschließen.

Autoverkauf und Wohnung
Falls relevant, Inhalt der Wohnung für Einlagerung verpacken bzw. Inhalt der Wohnung staubdicht abschließen und die gesamte Wohnung für die Versicherung fotografieren.

Reisegepäck
Probeweise packen, Gewicht überprüfen, um die Hälfte wieder reduzieren.

Reisetechnik
Kamera, Laptop, E-Reader und Speicherkarten zusammenstellen. Festplatte als externes Speichermedium besorgen.

Reiseschecks und Bargeld

Nicht jedes Land besitzt Geldautomaten. So ist es hilfreich, bei der Bank neue, sinnvoll gestückelte Euro- und Dollarnoten zu bestellen.

Kopien

Alle wichtigen Dokumente kopieren. Dokumente einscannen und an die eigene E-Mail-Adresse sowie an die Vertrauensperson senden.

Abschiedsbesuche

Bei den wichtigen Freunden und der Familie solltest du dich würdig verabschieden.

Eine Woche vor der Reise

Wohnungsübergabe

Bei Kündigung der Wohnung ist es nun Zeit zur Übergabe. Behältst du die Wohnung, so übergib die Schlüssel deinem vertrauensvollen Nachbar.

Nachbarn

Zwecks Pflanzenversorgen instruieren – falls nicht alle anderweitig verteilt wurden.

Zeit-Puffer

Für die letzten Erledigungen brauchst du Zeit. In dieser Woche nichts anderes mehr vornehmen.

Arbeitsagentur

Ggf. Abmeldung bei der Arbeitsagentur wegen Auslandsaufenthalt bzw. letzte Regelungen mit Arbeitgeber.

Malariaprophylaxe
Mit der Prophylaxe beginnen, falls das für dein Reiseziel relevant sein sollte.

Kopien hinterlegen
Kreditkartenkopien, Passkopien sowie wichtige Zugangsdaten bei Vertrauensperson hinterlegen.

Abschiedsparty veranstalten
Ein letztes gemeinsames Essen und Trinken gehört zur Sentimentalität einfach dazu.

Genug ist genug
Was bis jetzt nicht geschafft ist, scheint nicht wichtig zu sein. Gönn dir eine Atempause zum Nachdenken und lass den Rest einfach liegen. Was fehlt, wird sich unterwegs ergeben. Die Prioritäten verschieben sich sowieso während der Reise.

Gute Reise!